T0143880

MUSÉE

HÉRO ET LÉANDRE

COLLECTION DES UNIVERSITÉS DE FRANCE

publiée sous le patronage de l'ASSOCIATION GUILLAUME BUDÉ

MUSÉE

HÉRO ET LÉANDRE

TEXTE ÉTABLI ET TRADUIT

PAR

PIERRE ORSINI

*Chargé de Conférences à la Faculté des Lettres
et Sciences humaines de Toulouse*

Deuxième tirage

PARIS

LES BELLES LETTRES

2003

Conformément aux statuts de l'Association Guillaume Budé, ce volume a été soumis à l'approbation de la commission technique, qui a chargé M. Francis Vian d'en faire la révision et d'en surveiller la correction en collaboration avec M. Pierre Orsini.

© 2003. Société d'édition Les Belles Lettres
95 boulevard Raspail, 75006 Paris
www.lesbelleslettres.com

Première édition 1968

ISBN : 2-251-00198-0
ISSN : 0184-7155

INTRODUCTION

I

L'AUTEUR

Nous n'avons sur Musée d'autre renseignement que l'épithète de γραμματικός, accolée à son nom dans les titres des meilleurs manuscrits. Un γραμματικός, terme que l'on traduit d'ordinaire par grammairien, était, à l'époque impériale, un professeur de lettres s'occupant entre autres de la critique et de l'édition des textes. En raison de la culture qui transparaît dans son œuvre et des lectures qu'elle suppose, il est sûr qu'il était plus qu'un simple maître élémentaire, un γραμματιστής [1]. Peut-être faut-il l'identifier à un personnage homonyme, ami du rhéteur Procope de Gaza, qui vivait entre 465 environ et 528 après J.-C. [2].

Sans doute le poème d'*Héro et Léandre* ne recèle-t-il

---

1. Pour la différence entre le γραμματικός et le γραμματιστής, v. H. I. Marrou, *Histoire de l'éducation dans l'Antiquité*, Paris, éd. du Seuil, chap. VIII, p. 223-224. Le γραμματικός, appelé parfois aussi φιλόλογος, correspond à peu près sous le Bas-Empire, à notre professeur de l'Enseignement Secondaire.

2. Hypothèse déjà formulée par Saumaise et souvent reprise depuis. Cf. Schmid-Stählin, *Geschichte der gr. Literatur*, II, 2, 6e éd. 1924, p. 972. Le texte des deux lettres de Procope à Musée se trouve dans *Procopii Gazaei Epistulae et declamationes*, éd. Garzya et Loenertz, Ettal, 1963, ep. 147 et 165.

aucune allusion historique précise [1]. Une chose est
sûre, toutefois : son auteur a subi l'influence du
poète Nonnos de Panopolis, qui vivait au ve siècle
de notre ère et dont il s'est approprié la manière avec
une étonnante habileté. Nonnos, que ses contemporains
prenaient pour un nouvel Homère, avait écrit une
vaste épopée en quarante-huit chants, aussi longue à
elle seule que l'*Iliade* et l'*Odyssée* réunies : les *Diony-
siaques*. Ludwig Schwabe, dans son étude *de Musaeo
Nonni imitatore*, 1876, p. 4 [2], écrit en effet : « Musée
dépend entièrement de Nonnos, non seulement pour
ce qui est de l'art de construire le vers, et cela jusque
dans le plus menu détail, mais encore en ce qui concerne
la diction : certains de ses vers sont presque entièrement empruntés de Nonnos et, outre cela, il lui doit
un nombre infini de formules, de tours de phrases, de
fins de vers ». Le même érudit montre par des parallèles
que telle pensée de Nonnos se répète chez Musée, parfois sans changement, mais le plus souvent condensée
de plusieurs vers en un seul, ou au contraire étendue
d'un seul vers en plusieurs. « *Itaque, illud de Herone
carmen... paene pro centone habendum est Nonniano,
sed quem doctus et intellegens grammaticus composuerit.* »

Schwabe a encore noté des concordances littérales
entre Musée et l'un des poètes qu'on classe parmi les
disciples de Nonnos, Colouthos, qui, originaire de
Lycopolis en Thébaïde, vivait, selon la Souda, sous
l'empereur Anastase (498-518). Certaines de ces concor-

---

1. Sur le christianisme de Musée, admis par Keydell, *R.E.*
XVI, 1 (1935), il existe de fortes vraisemblances, mais nous
n'avons aucune preuve sûre ; v. cependant p. 7, n. 2 et Th. Gel-
zer, *Bemerkungen zu Sprache und Text des Epikers Musaios*,
Museum Helveticum 24 (1967), p. 137-138.
2. Dans *Gratulationschrift zur Tübinger Philologenversamm-
lung*, 1876.

dances, et notamment celles qu'on a relevées entre Colouthos, *Enlèvement d'Hélène*, v. 295 sqq., et Musée, *Héro et Léandre*, v. 203 sqq., prouveraient que le premier n'a fait que démarquer le second. Il faudrait donc placer Musée entre Nonnos et Colouthos, ce qui le ferait vivre vers le milieu du ve siècle.

Des réminiscences du poème de Musée se rencontrent par ailleurs chez d'autres disciples de Nonnos, en particulier chez Paul le Silentiaire (*Anthol. Palat.* V, 293, recueil d'Agathias) et dans une autre pièce de l'*Anthologie* (IX, 362) que Holland incline à attribuer à Musée lui-même, mais qui, ne respectant pas sa métrique habituelle, n'est sans doute que l'œuvre d'un de ses imitateurs.

De toutes ces remarques, on peut tenir pour certain que Musée a été un disciple de Nonnos, comme tous les poètes du temps, Tryphiodore[1], Colouthos[2], Paul le Silentiaire[3], Jean de Gaza[4] qui procèdent du même maître. Le mérite de Musée est d'avoir su éviter les excès et les défauts de son chef d'école et d'avoir opéré un choix heureux dans les richesses de vocabulaire et de style que celui-ci avait créées.

1. Tryphiodore, Grec d'Égypte, grammairien et poète, ve siècle ap. J.-C.; œuvres : *Marathonica* (épopée sur la bataille de Marathon), *Hippodamie*, *Odyssée* λειπογράμματος, *Paraphrase des comparaisons homériques*; seul subsiste un poème : *la Prise d'Ilion* en 691 vers.

2. Colouthos (Colluthus), fin du ve siècle ap. J.-C.; œuvres : *la Chasse du sanglier de Calydon*; *Persiques*; *Éloges* (en vers épiques); *l'Enlèvement d'Hélène*, épyllion de 394 vers, nous a été conservé.

3. Paul le Silentiaire (i.e. huissier de la cour de Constantinople), poète, vi[e] siècle ap. J.-C.

4. Jean de Gaza, grammairien et poète de circonstance; époque de Justinien (vi[e] siècle ap. J.-C.); œuvres : six poésies « anacréontiques »; *Description* (ἔκφρασις) *de la fresque ornant les Thermes d'hiver de Gaza.*

II

LE CADRE GÉOGRAPHIQUE

La légende illustrée par Musée se situe dans un cadre géographique précis, si précis, même, qu'un érudit a supposé qu'elle avait eu pour origine un fait réel [1].

L'Hellespont, dont la largeur, entre Sestos et Abydos, est fixée par les Anciens, de façon presque unanime, à sept stades, soit 1 295 m, est parcouru par des courants assez rapides — déjà connus d'Homère — pour qu'on l'ait comparé parfois à un fleuve. Dans Hérodote, Xerxès, furieux de l'échec subi par ses pontonniers, lorsque pour la première fois ils tentèrent d'en joindre les deux rives, le traite, dans son dépit, de «fleuve boueux et saumâtre», θολερῷ καὶ ἁλμυρῷ ποταμῷ (VII, 35). Le courant dominant, comme dans le Bosphore, descend en effet du Pont-Euxin et de son annexe la Propontide vers la mer Égée et sa vitesse horaire, variable selon la saison et la direction du vent, peut, dans sa partie la plus étroite, à l'entrée de laquelle se trouvent les deux «villes voisines» du poète, s'élever normalement de 1 nœud 1/2 à 4 nœuds (2,880 km à 7,310 km). Mais près des rives et surtout le long de la côte d'Asie se rencontrent des zones de calme ou même des contre-courants qui sont aptes à faciliter le franchissement du détroit par les embarcations et naturellement aussi, le cas échéant, par les nageurs. Strabon [2], lorsqu'il le décrit, indique de la

1. Cf. *R.E.* VIII, 1913, p. 182-190, art. *Hellespontos* (Oberhummer).
2. XIII, 1, 22.

façon suivante la manœuvre à effectuer pour passer d'une rive à l'autre : si le trajet de Sestos à Abydos est relativement aisé, car Sestos est plus proche de la Propontide, si bien qu'on n'a qu'à se laisser dériver au fil du courant pour atteindre le port asiatique, la traversée en sens inverse, elle, est beaucoup plus pénible : il faut, dit le géographe, remonter le long de la côte d'Asie sur une distance de huit stades, après quoi, parvenu à la hauteur d'une « certaine tour », le pilote n'a plus qu'à utiliser le courant pour piquer droit sur la « tour de Héro », que l'on nommait encore ainsi, de son temps, en souvenir de la légende. Cette tour et celle qui lui faisait face sur la côte d'Asie devaient donc être, pour les marins grecs, des sortes de repère, des « amers » qu'un nageur pouvait être amené à utiliser, dans la mesure, évidemment, où il était capable de les apercevoir.

Ces précisions permettent de mieux comprendre certains détails du poème de Musée. Dans le sens Abydos-Sestos, le trajet était au moins le double de celui que Léandre accomplissait à son retour. Or, comme les riverains de l'Hellespont, le poète ne semble pas avoir ignoré ce détail. Avant même d'en arriver au récit de l'accident où périt l'amant de Héro, le poète note son épuisement, lorsque, au cours de ses trajets quotidiens, il atteint la tour qu'habite la jeune fille (v. 259 πολλὰ καμών; v. 261 et 266 νυμφίον ἀσθμαίνοντα) et qu'il décrit les tendres soins dont l'entoure son épouse clandestine, alarmée par les fatigues qu'il affronte (v. 268-269 πολλὰ μογήσας; v. 271 τεοὺς ἱδρῶτας). Que survînt une tempête et l'infortuné nageur, encore alourdi par les vêtements dont il s'était dépouillé et qu'il avait attachés autour de son cou (v. 252) risquait de laisser sa vie dans les flots. C'est ce qui arriva.

Son cadavre, emporté par le courant, alla s'échouer sur la côte rocheuse (v. 259 ἀκτή) de la Chersonèse, à la hauteur de Sestos, près de cette « tour de Héro », où il se proposait sans doute de reprendre pied.

Ainsi, bien des détails du poème s'expliquent par les réalités géographiques locales. Certes, la traversée du détroit ne fut pas fatale à tous ceux qui l'accomplirent; mais même des vaisseaux de haute mer y périrent, si nous en croyons l'épigramme 215 du livre IX de l'*Anthologie palatine*; l'auteur y déplore la mort d'une certaine Cléoniké qui, partie de Dyrrhachium, allait rejoindre son jeune époux à Sestos et qui « dans le vaisseau de charge noir connut à son tour le sort d'Hellé »... « Infortunée Héro, poursuit le poète, qui se rappelle à propos la légende, sinon le poème de Musée, vous avez perdu, toi, ton amant et Déïmachos, sa jeune femme, dans l'espace de quelques stades », de ces sept stades si courts, mais si célèbres que leur nom, l'*Heptastadion*, finit par entrer dans la nomenclature géographique.

III

L'ŒUVRE

Le sujet. L'histoire de l'amant qui traverse un bras de mer pour rejoindre sa bien-aimée et qui meurt dans cette aventure appartient à un folklore très ancien [1].

Un poète alexandrin en avait sans doute déjà fait

---

1. Parmi les études récentes sur le thème de Héro et Léandre, v. L. von Malten, *Motivgeschichtliche Untersuchungen zur Sagenforschung*, Rhein. Mus. 93 (1949), p. 65-81, et *Hero und Leander*, éd. Färber, Munich, Heimeran, 1961, p. 104-113.

le sujet d'un *épyllion*, comme Knaack l'avait pressenti sans apporter de preuve décisive et comme l'a confirmé la découverte du papyrus Ryland, qui date du 1er siècle après J.-C. et qui nous en a révélé un fragment en hexamètres [1]. Diversement complétés par Bruno Snell [2] et par Denys L. Page [3], les vers, mutilés au début et à la fin, semblent se rapporter au vœu, que formule aussi Léandre dans le poème de Musée, de voir la nuit revenir vite, pour permettre à l'amoureux impatient de rejoindre au plus tôt celle avec qui il a rendez-vous [4].

Plusieurs poètes latins montrent qu'ils connaissaient déjà la légende, avant que Musée ne s'en emparât à son tour. Elle était même assez familière à leurs lecteurs pour qu'ils n'eussent pas besoin d'en nommer les personnages ; ce fut le cas notamment pour Virgile dans ses *Géorgiques* [5] et pour Stace dans sa *Thébaïde* [6].

1. C. H. Roberts, *Catalogue of the Greek Papyri in the John Rylands Library*, Manchester, t. III (1938), n° 486, p. 98, pl. VI. Léandre y est nommé à deux reprises, l. 4 et 9, et l'adjectif τηλέσκοπος (*H. et L.*, v. 237) se lit à la l. 10.

2. Cf. *Gnomon* 15 (1939) p. 540.

3. D. L. Page, *Select Papyri III*, *Literary Papyri*, Londres, 1950, n° 126, p. 512.

4. Un autre papyrus, *Oxyrh. VI*, n° 864, contient un fragment de récit de messager (restes de trimètres iambiques) montrant une femme en deuil qui se lamente sur les bords de l'Hellespont devant un cadavre apporté par la mer ; le rapport de ce texte avec la légende de Héro et Léandre n'est pas évident ; cf. éd. Färber, p. 90.

5. *Georg.*, III, v. 258-263 ; dans ce passage sur la toute-puissance de l'amour, le poète fait une allusion claire à la légende, sans toutefois en nommer les héros.

6. *Theb.*, VI, v. 542-547 : Stace décrit la scène brodée sur une chlamyde donnée en prix par Adraste à Admète vainqueur d'une course de chars disputée à Némée ; un commentateur rapproche le v. 543 d'un vers de Nonnos, *Dion.*, VII, 222 ; Stace et Nonnos pourraient s'être inspirés d'un même poète alexandrin.

Ovide y fait plusieurs allusions dans son œuvre; il imagine même, entre Héro et Léandre, comme il l'avait fait pour plusieurs couples célèbres, un échange de lettres passionnées [1]. Dans chacune d'elles, à grand renfort de rhétorique, il s'évertue à décrire leurs tourments amoureux, qu'avive l'impossibilité où ils sont de se rejoindre, en raison de la tempête qui balaie l'Hellespont. Ovide reste très loin de la simplicité charmante, très grecque, du sage disciple de Nonnos [2]. Enfin, l'histoire des deux malheureux amants a inspiré maintes fois, dans l'antiquité, graveurs de monnaies et de gemmes, peintres et mosaïstes [3].

La mise en œuvre. Le poème est une épopée : le mètre, le dialecte, le vocabulaire, tout cela, en plein Ve siècle après J.-C., est emprunté à Homère. Mais ce n'est pas une grande épopée, ἔπος. C'est un ἐπύλλιον, une épopée en raccourci, une épopée miniature.

1. *Héroïdes*, XVIII (lettre de Léandre à Héro) et XIX (réponse de Héro à Léandre). Le problème à l'ordre du jour est, à l'heure actuelle, celui des rapports d'Ovide et de Musée. Il a fait naguère l'objet d'une étude minutieuse de la part de Gerhard Schott, dans *Hero und Leander bei Musaios und Ovid*, diss. Cologne, 1957, p. 70-123.

2. A Rome, la légende a aussi inspiré des spectacles : mime « nautique », par ex. : cf. Martial, *Épigrammes, de spectaculis*, XXVII.

3. Monnaies : monnaie d'Abydos, dans Barclay V. Head, *Historia numorum*, Londres, 1963, p. 539, fig. 285; cf. éd. Färber, Munich, Heimeran, 1961, page de garde : monnaie de bronze d'Abydos. — Peintures : peinture de la maison des Vettii, Pompei, dans Mau, *Scavi di Pompei, Röm. Mitteil.* XI, 17. — Mosaïques : mosaïque de Djemila (Cuicul), fin du IIIe s. ap. J.-C., dans *Djemila* (coll. le Monde romain), Paris, Belles Lettres, p. 66. — Gemmes : v. *R.E.* VIII (1913) col. 914, 1rt. Hero (Sittig).

L'inventeur du genre était l'alexandrin Callimaque.
Entre le Cyrénéen et Apollonios de Rhodes, son élève,
avait éclaté à ce sujet une querelle littéraire fort vive [1].
Apollonios est l'auteur des *Argonautiques*, poème épique
en quatre chants et près de six mille vers, qui, par le
sujet tout mythologique et par l'étendue, est une
imitation, souvent heureuse du reste, d'Homère.
Adversaire des longs poèmes d'imitation, Callimaque
soutenait au contraire qu'il fallait écrire des poèmes
neufs, courts, mais ciselés avec art : μέγα βιβλίον, μέγα
κακόν, répétait-il volontiers, un gros livre est un grand
fléau. Et, joignant l'exemple au précepte, il avait
publié un petit poème de cinq cents vers environ,
l'*Hécalé*, dont il ne reste malheureusement que de trop
courts fragments [2]. Hécalé est le nom d'une vieille
femme qui avait accueilli Thésée dans sa chaumière, la
veille du combat de ce héros contre le taureau de
Marathon. Dans l'épopée de Callimaque, la lutte contre
le taureau passait à l'arrière-plan ; le devant de la
scène était occupé par Hécalé elle-même et par la
description de sa demeure, les détails de son humble
hospitalité, ses entretiens avec le héros. Et ainsi la
sublimité monotone de l'épopée noble faisait place à la
vie réelle, familière, pittoresque. On voit donc que,
par sa courte étendue comme par la familiarité du sujet
et des détails, le poème de Musée se rattache au genre
de l'*épyllion*, créé par Callimaque. Le développement

---

1. Sur la querelle de Callimaque et d'Apollonios, dont la
réalité a été contestée par W. Allen, *TAPhA*, 1940, p. 1-26,
voir E. Delage, *Biographie d'Apollonios de Rhodes*, Paris, 1931,
p. 30-51, et H. Herter, *Jahresber. über die Fortschr. d. klass.
Altertumswissenschaft*, CCLXXXV (1944-1945) p. 223-236.

2. *Callimachus*, éd. R. Pfeiffer, Oxford, 1949, t. I, p. 226 sqq.,
fr. 230-303.

qui y tient la plus grande place n'est pas la catastrophe finale, mais la description de l'amour naissant
entre Héro et Léandre. Ici encore, il faut noter
l'influence alexandrine, qu'a confirmée la découverte
du papyrus Ryland.

Cependant, à propos du thème lui-même, il y a lieu
de remonter encore plus haut dans l'histoire littéraire.
C'est sur Antimaque de Colophon [1], qui florissait vers
la fin du ve siècle, qu'on doit reporter l'honneur d'avoir
introduit l'amour dans la poésie grecque. Sans doute
les lyriques, comme Archiloque, Anacréon ou Sapho en
avaient-ils fait parfois le sujet de leurs petits poèmes ;
mais c'est Antimaque qui, le premier, a fait de la
passion amoureuse l'unique sujet d'une œuvre importante. Il avait ardemment aimé une femme, nommée
Lydé. L'ayant perdue, il chercha, dans un poème au-
quel il donna comme titre le nom de son amante, à
consoler sa peine par le récit des aventures et des douleurs amoureuses, analogues à la sienne, qu'avaient
éprouvées les héros d'autrefois. La *Lydé* d'Antimaque
était donc un recueil d'histoires d'amour ou d'*élégies*
(en distiques) se terminant toutes par une catastrophe.
Mais c'est un siècle plus tard, c'est-à-dire dans la
période alexandrine, que l'amour règne en maître dans
la littérature. Le fond de toute poésie, désormais, est
l'amour. Euripide en avait déjà fait un des ressorts
essentiels de son théâtre et la Comédie Nouvelle en
décrivait souvent les caprices et les accidents. Mais
« à mesure, dit Croiset [2], que la vie de chacun est
devenue plus individuelle, le plus fort des sentiments

1. Antimaque de Colophon, poète, fin du ve siècle av. J.-C.;
cf. *R.E.* s.v. *Antimachos*, p. 2434 (Wentzel) et *Antimachi Colo-
phonii reliquiae*, éd. B. Wyss, Berlin, 1936.
2. *Hist. litt. gr.*, Paris, de Boccard, 1928, t. V, chap. iv, p. 258.

individuels a passé au premier plan dans la littérature comme dans la vie. Cet amour est surtout sensuel et quelquefois passionné ; le plus souvent, il se réduit à une galanterie assez fade. » Par nombre d'intermédiaires dont presque tous nous échappent, le poème de *Héro et Léandre* se rattache à cette lignée de poésies amoureuses.

D'autres influences se sont exercées sur Musée, qui semble avoir lu avec attention les romans des deux siècles précédents. C'est ainsi que *les Aventures de Chéréas et de Callirrhoé*, œuvre de Chariton [1], se nouent comme celle de Héro et de Léandre. Les deux amants, Callirrhoé et Chéréas, fille et fils de deux Syracusains, ennemis comme l'étaient à Vérone les Capulet et les Montaigu, se rencontrent à l'occasion de la fête d'Aphrodite. Le mouvement de la narration et les expressions mêmes annoncent le récit fait par le poète. Qu'on en juge : « Or c'était la fête publique d'Aphrodite, et presque toutes les femmes se rendaient au temple. Et ce jour-là, pour la première fois, sa mère y conduisait Callirrhoé, car Hermocrate — le père de la jeune fille — avait voulu qu'elle rendît hommage à la déesse. Et à ce moment, voici que Chéréas revenait du gymnase chez lui, brillant comme une étoile : sur l'éclat de son visage s'épanouissait le hâle de la palestre, comme de l'or sur de l'argent. Donc, par hasard, dans un tournant resserré, les voici qui se trouvèrent en face l'un de l'autre, et le dieu avait ménagé cette rencontre de telle sorte que tous les deux se virent. Et tout aussitôt ils se communiquèrent l'un à l'autre le mal d'amour...

1. Chariton d'Aphrodisias, en Carie, romancier ; v. *R.E.* III, p. 2168 (Schmid).

« Donc Chéréas s'en retournait à grand-peine chez lui, avec sa blessure, et comme un vaillant guerrier frappé à mort dans le combat (car il unissait la noblesse d'âme à la beauté), il avait honte de tomber, mais il était incapable de demeurer debout. De son côté, la jeune fille se prosterna aux pieds d'Aphrodite et les baisa, disant : « O souveraine, donne-moi un mari comme celui que tu m'as montré » [1].

Que l'on compare le passage avec le récit de Musée et l'on verra qu'au prix de quelques transpositions — ce qui est dit de Chéréas s'applique à Héro, parfois, et vice-versa —, le ton et souvent le vocabulaire sont les mêmes, sans doute parce que, comme dans les œuvres populaires, il y avait là un lieu commun du roman sentimental.

Autre rapprochement, qui n'est pas moins frappant, avec le *Leucippé et Clitophon* d'Achille Tatius [2]. Voyez comment Clitophon décrit sa bien-aimée, lorsqu'il l'aperçoit pour la première fois : « Son regard brillait, promettant le plaisir ; sa chevelure était blonde, avec des boucles d'or ; ses sourcils noirs, d'un noir sans mélange ; ses joues blanches, mais leur blancheur, vers le milieu, se colorait de rose et rappelait la pourpre dont les femmes lydiennes colorent l'ivoire. Sa bouche était une fleur de rose, lorsque la rose commence à déclore les lèvres de ses pétales. Dès que je la vis, je fus perdu ;

---

1. *Les aventures de Chéréas et de Callirrhoé*, liv. I, chap. 1 ; trad. Pierre Grimal, dans *Romans grecs et latins*, Paris, bibl. de la Pléiade, 1958, p. 385-386.
2. Achille Tatius, d'Alexandrie, romancier ; vie dans la *Souda*, s.v. Les dates respectives de Chariton et d'Achille Tatius ont été fixées de façon contradictoire par R. Merkelbach, *Roman und Mysterium*, Munich, 1962, p. 339, n. 4 (antériorité d'Achille Tatius) et par Powell, *New Chapters in Greek Literature*, Oxford, 1933 (antériorité de Chariton).

car la beauté fait une blessure plus profonde qu'une flèche, et, passant par les yeux, pénètre jusqu'à l'âme; c'est par l'œil que passe la blessure d'amour. Je fus possédé à la fois par tous les sentiments : admiration, stupeur, crainte, timidité, impudence. J'admirais sa haute taille, je restais stupéfait devant sa beauté, je tremblais dans mon cœur; je la regardais sans retenue et j'avais honte à la pensée que l'on me vît. Je faisais tous mes efforts pour détacher mes yeux de la jeune fille, mais mes yeux refusaient; ils restaient fixés sur elle, attirés par sa beauté qui les entraînait, et finalement ils l'emportèrent » [1]. Pour terminer, l'amoureux s'exhorte lui-même à oser aimer la jeune fille, en se proposant l'exemple d'Apollon.

Les rencontres littérales entre les expressions de Musée et celles d'Achille Tatius sont trop nombreuses pour qu'on puisse nier l'influence du romancier sur le poète. Le teint de lis et de roses, la flèche qui, entrant par l'œil, pénètre jusqu'au cœur, le désarroi de l'amoureux en proie à quantité de sentiments contradictoires, ses vains efforts pour détacher son regard de la fascinante beauté, Musée a tout repris, tout copié, pourrait-on dire, dans sa description du coup de foudre qui terrasse Léandre. Musée, nous l'avons dit, était un « grammairien », un érudit, et, à ce titre, devait avoir beaucoup lu.

Aux influences que nous venons de signaler et qui, on le voit, furent nombreuses, il faut en ajouter une dernière, si évidente, si marquée, qu'elle a permis de dater avec assez de précision le poème de Musée. C'est celle du poète Nonnos de Panopolis, qui vivait au

---

1. *Les aventures de Leucippé et de Clitophon*, liv. I, chap. 4; trad. Pierre Grimal, *ib.*, p. 879.

début du ve siècle après J.-C. Nonnos est pour lui un maître [1]. Musée reproduit ses expressions et jusqu'à sa métrique. C'est ainsi que son hexamètre obéit rigoureusement aux règles établies par Nonnos [2] : prédominance des dactyles, interdiction presque absolue de mettre deux spondées de suite, emploi quasi-constant de la césure trochaïque, accent tonique sur l'une des deux dernières syllabes du vers, devant la coupe penthémimère ne doivent se trouver en principe que des proparoxytons ou des périspomènes; etc...

La composition; ses mérites. Une qualité extérieure qui frappe immédiatement à la lecture de Musée, c'est l'ordonnance à la fois simple, lucide, harmonieuse du récit. C'est ce que montrera une brève analyse du poème.

Voici la suite exacte des développements :

v. 1-15 : Invocation à la Muse;

v. 16-41 : Présentation des deux personnages;

v. 42-54 : Description de la fête d'Aphrodite où ils se rencontrèrent;

v. 55-85 : Apparition de Héro, impression que produit sa beauté sur tous les assistants;

v. 86-100 : Coup de foudre simultané dans le cœur de Léandre et dans celui de Héro;

v. 101-220 : Scène de séduction, très détaillée, qui forme la partie essentielle et le centre du poème;

v. 221-289 : Première traversée de l'Hellespont par Léandre, la nuit de noces;

v. 290-330 : Arrive la mauvaise saison, description de la tempête où périt Léandre;

1. V. *supra*, p. vi.
2. Sur la métrique de Nonnos, v. *Nonni Panopolit. Dionysiaca*, éd. R. Keydell, t. I, p. 35*-42*, Berlin, 1959.

v. 331-340 : Mort de Héro qui, de désespoir, se précipite du haut de sa tour.

On le voit, le récit avance d'une allure régulière et continue, depuis le début jusqu'à la catastrophe finale, sans digression, sans hors-d'œuvre, sans longueur. Si nous examinons maintenant chacun de ces développements isolément, nous y retrouverons la même qualité. Sans doute, en plus d'un passage, le poète, faisant étalage de sa virtuosité, reprend-il jusqu'à satiété l'expression d'une même idée (cf. par ex. v. 275-279) ou d'une même métaphore. Mais, au total, tout cela est rare. La plupart des morceaux énumérés ci-dessus sont d'une composition très nette et très sobre. Le poète sait même, à l'occasion, atteindre cette sobriété supérieure où se reconnaissent les maîtres en l'art d'écrire, et qui fait tenir beaucoup de choses — une scène entière, un tableau — en quelques mots. On peut citer en ce genre : l'invocation à la Muse (v. 1-4); l'évocation de la nuit de noces (v. 273 sqq.) et la fin du poème (v. 335-340).

De quelques défauts. Il y a aussi du « bel esprit » chez Musée, c'est-à-dire de l'ingéniosité dans les idées ou dans les mots, mais dépensée à contre-temps. Nous en trouvons un exemple dès le vers 8, où, parlant du flambeau qui dirigeait Léandre, le poète écrit : « la lampe, emblème de l'amour, qui eût bien mérité, après sa nocturne prouesse, que Zeus, dieu de l'Éther, la fît entrer au congrès des constellations avec le nom d'étoile d'amour des fiancés » (v. 8-10). On reconnaît là l'imitateur des Alexandrins. C'est ainsi que, dans son poème de *la Chevelure de Bérénice*, Callimaque imaginait que la chevelure de la reine avait été changée en constellation [1]. Autre exemple au v. 64 : « Nos pères, quelle erreur ! n'ont compté que trois Grâces : dans le sourire d'un seul des yeux de Héro, on voyait fleurir plus de cent Grâces ! [2] », etc.

Il faut reconnaître en outre qu'il y a, dans maintes descriptions, beaucoup de fadeur. Le langage convenu, traditionnel, de la galanterie, y a trop de part. Entre autres preuves, il suffira de se rappeler la description de la beauté de Héro. Les roses et les lis en font tous les frais et nous avons vu que les mêmes traits se retrouvent dans le roman d'Achille Tatius. Et pourtant, même dans ce passage banal, dans ce lieu commun érotique ressassé, il y a, chez Musée, deux traits charmants : la comparaison du visage de Héro avec la couleur délicate de la blanche lune à son lever [3] et la tache rose du talon de la vierge qui, à chacun de ses pas, apparaît au bas de sa robe.

Enfin, il y a même parfois, de-ci de-là, du mauvais goût, et du plus mauvais. Antithèses, concetti, jeux de mots y fleurissent. Voyez par exemple les hésitations de Léandre et les exhortations qu'il s'adresse à lui-même avant de se précipiter à la mer : « Cruel est Amour, et les flots aussi sont implacables ; mais la mer, ce n'est qu'un détroit, tandis que l'amour, c'est du feu qui me brûle jusqu'au fond de la poitrine.

---

1. Cf. *Callimachus*, éd. Pfeiffer, Oxford, 1949, fr. 110 avec le poème de Catulle en regard.

2. *Ib.*, t. II, p. 95, épigr. LI. Musée renchérit sur le Cyrénéen, qui ne fait de Bérénice que la quatrième Grâce ; quant à Aristénète, 2, 10, il renchérit encore sur Musée : « une vingtaine de décades » (de Grâces) !

3. La comparaison, à vrai dire, n'est pas de l'invention de Musée ; elle se trouve déjà dans Sapho ; cf. *Alcée et Sapho*, éd. Théod. Reinach.-A. Puech, Paris, Belles-Lettres, 1937, fr. 96, v. 7-9, p. 267.

Ô mon cœur, c'est ce feu qu'il te faut craindre et non redouter les flots de cette eau ! » (v. 245-247). Voir encore les vers 94 et sqq. tout à fait dignes d'un habitué de l'hôtel de Rambouillet, et 239-240, avec leur correspondance ἀναπτομένοιο - ἔφλεξεν.

La description de l'amour. La partie principale du poème, celle qui en fait le mérite et l'intérêt durable, c'est la description de l'amour. Dans cette description, il y a certes des taches et beaucoup de préciosité, par endroits, du bel esprit, de la fadeur, du mauvais goût même. Mais ces taches sont cependant légères, et ce n'est pas sur quoi il convient d'insister.

Dans son ensemble, toute cette partie est digne d'admiration. Voyez d'abord la scène où Héro apparaît pour la première fois : « Ainsi, la prêtresse de Cypris, qui avait dépassé infiniment toutes les femmes, apparaissait comme une nouvelle Cypris. Elle s'était glissée dans le tendre cœur des garçons ; et il n'y en avait aucun, parmi eux, qui ne brûlât de recevoir Héro dans sa couche. Quand elle allait et venait dans le temple magnifique, elle traînait après elle les esprits, les regards et les cœurs. Un jour, un de ces garçons, saisi d'admiration, s'écria : « Même à Sparte, où je suis allé, dans cette ville de Lacédémôn que j'ai visitée, et où, dit-on, les beautés rivalisent et se disputent le prix, jamais je n'ai vu une telle enfant, aussi belle, aussi exquise. Sans aucun doute, Cypris possède en elle une de ses plus jeunes Grâces. Je me suis lassé à la regarder, sans pouvoir me rassasier de son image. Je mourrais bien à l'instant, si d'abord je pouvais monter dans la couche de Héro ! Peu me soucierais-je d'être dieu dans l'Olympe, si je possédais Héro comme épouse dans ma maison! Mais, s'il m'est interdit de toucher à ta prêtresse, accorde-moi du moins, ô Cythérée, une jeune épousée qui lui ressemble!» (v. 67-83). L'impression toute physique, sensuelle, produite sur les jeunes hommes par la beauté de Héro est rendue avec une sincérité, une vigueur de trait qui rappellent le meilleur Théocrite.

Vient ensuite la scène de séduction. Bien ingénieux, bien insinuant et bien habile est le discours de Léandre. Il se résume en somme à trois idées, ingénieusement variées et reprises sous diverses formes : d'abord l'éloge de la beauté de Héro, qui est d'une divinité plus que d'une mortelle — les compliments ont, de tout temps, su trouver le chemin des cœurs et surtout des cœurs féminins —; Léandre tire ensuite argument de la situation personnelle de la jeune fille, prêtresse d'Aphrodite, la déesse de l'amour. Comment Héro vivrait-elle sans amour? Aphrodite ne saurait avoir pour servante une vierge! Enfin le soupirant invoque l'exemple de la belle Atalante, qui avait repoussé l'amour de Mélanion; Aphrodite elle-même la punit. Plaidoyer artificieux, sans doute, mais tout à fait en situation. Et nous comprenons la réponse de Héro : « Étranger, tu serais capable, par tes paroles, de toucher même une pierre! Qui donc t'a enseigné les mille détours des mots qui égarent? » (v. 174-175).

Le second discours de Léandre n'est pas moins heureux. Qu'on en remarque les deux derniers vers. Malgré les réticences de Héro, le jeune homme a compris qu'il était aimé. A la question de Héro lui demandant son nom, il répond donc : « Et si tu veux savoir au juste, toi aussi, quel est mon nom, eh bien! le voici: Léandre, le mari de Héro, la beauté couronnée» (v. 219-220). Cette réponse si hardie est une trouvaille admirable. Rien, mieux que ce cri de juvénile assurance, ne pouvait rendre la joie, l'exaltation de la passion triomphante.

Le rôle de Héro est, comme il sied, plus délicat encore, plus gracieux, plus nuancé. Le poète a marqué, d'une main sûre et légère, les progrès de l'amour dans une âme virginale. Il nous montre d'abord la jeune fille, flattée de l'hommage rendu à sa beauté, répondant furtivement au manège amoureux de son soupirant : elle se tourne vers le jeune homme, puis détourne la tête aussitôt (v. 105-107). Léandre s'enhardit : il lui saisit à la dérobée les doigts ; Héro prend un air courroucé et retire vivement sa main (v. 116). Mais elle n'a rien dit et Léandre n'est pas dupe ; il a compris que ce courroux n'était qu'une feinte. Il saisit la belle par sa tunique et l'entraîne vers le fond du temple. La prêtresse d'Aphrodite le suit. Des pas qui s'attardent (ὀκναλέοις πόδεσσιν), un air de contrainte (οἷάπερ οὐκ ἐθέλουσα), des paroles menaçantes, ou qui voudraient l'être (ἀπειλείουσα), voilà les apparences de résistance par lesquelles Héro essaie de dissimuler à Léandre sa défaite. Mais celui-ci sait bien ce que sont les menaces féminines : « simples avant-coureurs de la volupté prochaine » (v. 132). Il lui adresse donc la parole et nous avons vu l'habileté persuasive de son discours. La jeune fille est déjà vaincue et cela apparaît dès les premiers mots de sa réponse (v. 174). Cela apparaît aussi, bien qu'indirectement, dans son semblant de résistance et dans ses objections : « Nous ne pouvons pas nous unir par des liens légitimes. Mes parents n'ont pas donné leur consentement » (v. 179-180). Des liens clandestins seraient donc un scandale. On voit la portée de ces objections. En les soulignant, la jeune fille, plus ou

moins consciemment, désire que Léandre trouve un
moyen de les écarter. Avec la complicité souriante du
poète, la pauvre enfant décrit sa vie solitaire, en
compagnie d'une seule servante, dans la haute tour qui
domine la mer sauvage. Ruse à-demi consciente pour
enflammer encore davantage Léandre d'amour et
suggérer, sans en avoir l'air, qu'il peut la rejoindre sans
trop de risques? Qui dira les complications du cœur
féminin? Quoi qu'il en soit, Léandre résout toutes les
difficultés d'un seul mot : chaque soir, il traversera
l'Hellespont, guidé par la lampe de son amie, et
viendra la rejoindre. Et ainsi il exposera sa vie, mais
évitera le scandale. Dès lors, la jeune fille cesse de
résister. Les deux amants fixent d'un commun accord
leurs prochains rendez-vous.

Enfin vient la scène d'amour, l'accomplissement de
l'hymen. L'originalité de cette scène, qui aurait pu être
scabreuse, c'est, semble-t-il, si on l'analyse de près,
l'interversion des rôles. En général, en pareil cas, c'est
l'amant qui parle et la jeune fille qui se tait, qui obéit.
Ici, c'est l'inverse, et pour deux raisons. D'abord pour
une raison physique : Léandre, par l'effort qu'il vient
de faire, est anéanti, épuisé. Héro l'accueille, l'essuie,
le parfume, le réchauffe dans ses bras. En second lieu,
il y a, à cette attitude des deux amants, une cause
morale : Léandre vient de braver la mort; devant une
telle preuve d'amour, les conventions, les bienséances
s'effacent. Et c'est Héro, par conséquent, qui fait toutes
les avances. Elle court au-devant de son bien-aimé.
La première, elle le saisit dans ses bras, le réconforte,
le berce de paroles câlines : « Ô mon jeune époux qui
t'es donné tant de peine, une peine que ne s'est jamais
donnée aucun autre amant; ô mon jeune époux qui t'es
donné tant de peine, oublie l'âcreté de la mer, oublie

l'odeur de poisson de la mer grondante. Viens ici;
contre mon sein efface tes fatigues ! » (v. 268-271). La
scène est voluptueuse, sensuelle. Le poète sait la
conclure à propos, en termes chastes et discrets : « Elle
eut tôt fait de le convaincre, et lui, aussitôt, de dénouer
la ceinture de son amie et tous deux accomplirent la
loi de la bonne Cythérée » (v. 272-273).

Enfin, si la description de la tempête comporte
quelques poncifs inspirés de la fameuse tempête décrite
dans l'*Odyssée* [1], la scène finale, au cours de laquelle
Héro découvre le cadavre de son amant, puis se suicide,
est d'une émouvante sobriété. La rapidité du récit en
accentue le pathétique. Ici encore, le poète révèle sa
maîtrise : quatre vers lui suffisent pour peindre un
désespoir qui ne peut trouver son apaisement que dans
la mort. Quant à l'hexamètre qui clôt le poème, il
lance l'imagination du lecteur dans le rêve d'un amour
sans fin, comme l'éternité. Il est un de ceux qui ont
certainement le plus touché les âmes sensibles au
cours des siècles.

IV

LA SURVIE DU POÈME

L'œuvre du poète grec, fort joliment définie par
Köchly « la dernière rose du jardin déclinant de la
poésie grecque » [2], a été une des premières à être répandue par l'imprimerie au début de la Renaissance. Jusque là, on n'avait connu la légende que grâce à la trans-
position qu'en avait faite Ovide. Immédiatement,

---

1. Cf. *Od.* 5, 331-332 et *H. et L.* 315-317; *Od.* 12,407 sqq. et
14,299 et *H. et L.* 313-314.
2. Herm. Köchly, *De Musaei grammatici codice Palatino*,
Heidelberg, Mohr, 1865, p. VII.

l'œuvre allait se répandre dans tous les pays d'Europe [1] et frapper, par son élégante sobriété les lecteurs qui découvraient avec éblouissement la littérature grecque. D'emblée, on estima le poème plus ancien qu'il n'était; les érudits, abusés par les œuvres au milieu desquelles il se trouvait dans les manuscrits, crurent qu'il datait de l'époque alexandrine; certains même le supposèrent contemporain des poèmes homériques, et Homère, sur la foi des Anciens, passait pour le père de toute poésie, ὁ Ποιητής, c'est-à-dire le Poète par excellence. Il semble toutefois que le succès obtenu par l'épyllion alla tout autant au sujet lui-même qu'à la mise en œuvre que Musée en avait faite. Comme Énée et Didon, comme Abélard et Héloïse, et bien d'autres, les deux amants de l'Hellespont faisaient partie de ces couples malheureux dont la courte aventure, brisée par la mort, a toujours ému l'imagination et attiré la sympathie; ils s'étaient aimés et étaient morts de leur amour... Autre chose encore était de nature à remuer les cœurs, encore tout pénétrés de légendes chevaleresques : Héro, fille de sang royal (v. 30), isolée dans sa tour et persécutée par des parents cruels, n'était pas sans évoquer une de ces « princesses lointaines » pour la conquête ou la délivrance desquelles des héros romanesques avaient bravé tous les dangers. Ils devenaient ainsi, pour les hommes de la Renaissance, comme les survivants d'un folklore éternel. On s'explique dès lors les termes enthousiastes dont use, au XVIe siècle, le poète anglais Christopher Marlowe à

1. Sur les œuvres occidentales inspirées par le poème de Musée, v. surtout *Museo, Ero e Leandro*, éd. E. Malcovati (Classici greci e latini, 3), Milan, 1947, p. XVII sqq., et *Musaios, Hero und Leander*, éd. H. Färber, Munich, Heimeran, 1961, p. 96-97.

l'égard de Musée : il le qualifie de « divin poète » et
affirme que *Héro et Léandre* est « le plus beau poème
d'amour du monde. »

Déjà, en pays germanique, des légendes analogues
avaient été répandues dans le public ; dans la seconde
moitié du XVIe siècle, la *Ballade des enfants royaux* [1]
popularisa le thème, sur lequel Hans Sachs avait déjà
écrit un poème en prose.

En Italie [2], des poètes byzantins, ou influencés par
les Byzantins, comme Giovanni Grosso d'Otrante
(XIIIe siècle) avaient fait connaître l'histoire malheureuse des deux amants séparés par le détroit. Dès
le XIVe siècle circulait dans la péninsule un poème
épique en italien, la *Léandride*, d'auteur inconnu, qui
les mettait en scène. A la fin du XVe siècle, comme nous
l'avons vu, l'œuvre était imprimée, dans sa langue
originale, à Venise et à Florence. Un médecin lettré de
Vérone, da Monte, la traduit en hexamètres. Bernardo
Tasso, en 1555, en donnait une paraphrase dans une
petite pièce en vers libres. Cette paraphrase fut
adaptée par l'Espagnol Juan Boscàn Almogaver qui,
selon E. Malcovati (v. *infra* n. 2), semble avoir eu aussi
sous les yeux le texte grec.

L'adaptation de Boscàn Almogaver inspire à Lope de
Vega une *comedia* portant ce titre. Mais le drame, selon
Hugo Rennert et Americo Castro [3], a subi le sort d'une
grande partie des pièces que Lope avait écrites.
Il est perdu ; et la seule œuvre du même titre qu'on ait

---

1. Texte dans l'éd. Färber, p. 88 : *die Königskinder* (après
1563).
2. Sur la légende en Italie, v. compléments dans *Athenaeum*
vol. XL, fasc. III-IV, Pavie, 1962, p. 368-372 (E. Malcovati,
compte-rendu de l'éd. Färber).
3. Hugo Rennert y Americo Castro, *La Vida de Lope de
Vega*, Madrid, 1929, p. 486.

conservée est attribuée à un ami et contemporain de
Lope, Mira de Amescua. L'auteur s'y est inspiré à la
fois de Musée et d'Ovide; c'est dire qu'il a fortement
délayé l'œuvre du poète grec.

En France, Clément Marot[1], dont la veine n'est
pourtant pas particulièrement sentimentale, est resté
plus près de son modèle. Il a traduit le poème de Musée
en 402 octosyllabes, son mètre habituel. Sa version est,
dans l'ensemble, plutôt fidèle et donne, par endroits,
une impression assez juste de l'original. On sent que
maître Clément en a senti le charme discret; l'œuvre
française fut fort prisée de ses contemporains, s'il faut
en croire la préface imagée dont Marot a fait précéder
son texte. C'est en effet le pillage dont « un avare
libraire de Paris et des libraires de Poitiers se sont
rendus coupables » qui l'a décidé à confier son manuscrit à l'éditeur lyonnais Sébastien Gryphe en 1541.

En Angleterre, un *Héro et Léandre* en 2376 vers
paraît en 1598[2]. Commencée par Marlowe, mais restée
inachevée, l'œuvre est continuée et terminée par George
Chapman. Celui-ci la divise en six chants, qu'il baptise
modestement *Sestiades*, pour rappeler l'*Iliade*. La
première partie, composée par Marlowe, comprend
deux Sestiades; les quatre autres sont de Chapman.
Marlowe avait transposé l'œuvre de Musée avec une
telle fantaisie qu'il n'avait su comment la terminer.
Chapman se chargea de ce travail. Aux deux Sestiades
de Marlowe, comprenant 818 vers, il en joignit quatre
autres, en renfermant ensemble 1558. Ainsi, l'œuvre

---

1. Clément Marot, *Œuvres*, éd. René Jannet, Paris, E. Pi-
card, 1873, tome III, p. 248 sqq.

2. *Hero and Leander*, begun by Christopher Marloe (= Marlowe) and finished by George Chapman, Londres, Paul Linley,
1598, éd. trad. Barthélémy Fort, Paris, Aubier, 1950.

déborde singulièrement celle, si sobre, du poète grec. Et, de fait, elle est encombrée d'allusions mythologiques, de développements parasites, de personnages imaginaires et de traits fantaisistes ; bref, elle constitue une œuvre véritablement « baroque », pleine de tous les défauts qui régnaient dans la littérature élisabéthaine : préciosité souvent, grossièreté et même obscénité parfois, irrespect, humour acide. Quelques beaux vers, de-ci de-là, ne réussissent pas à dissiper le malaise que peut ressentir un helléniste à voir ainsi travestir une œuvrette qui, sans être un chef-d'œuvre immortel, comme le prétendaient ses adaptateurs, n'est pas cependant sans mérite.

Aux xviie et xviiie siècles, la légende inspire divers poètes en Italie, en France et en Allemagne. En 1630, Francesco Bracciolini publie à Rome un *Ero e Leandro*. Conformément à l'usage du temps, il y fait intervenir les divinités de l'Olympe, ainsi que des dauphins complaisants ; une intrigue amoureuse avec déguisements et reconnaissances imprévues s'y développe ; le poème enfin se termine heureusement par le mariage de la prêtresse d'Aphrodite et de son amoureux. Au xviiie siècle, dans plusieurs villes italiennes, des concours d'improvisation poétique se déroulent avec, comme donnée initiale, la légende racontée par Musée [1].

---

[1]. Désormais, les éditions savantes se multiplient et se succéderont jusqu'à nos jours. Éditions déjà anciennes : Rœver (Leyde, 1737) ; Heinrich (Hanovre, 1793) ; Passow (Leipzig, 1810, avec trad.). Éditions modernes ou récentes : Ludwich (Berlin, 1929), v. p. xxxii, n. 2 ; E. H. Blakeney (Oxford, 1935, avec trad. et lexique) ; Ronge (Munich, 1939) ; E. Malcovati (Milan, 1947), v. p. xxvi, n. 1 ; Färber (Munich, 1961), v. p. xxvi, n. 1. Cette dernière donne, en original et en traduction, tous les

En France, en Angleterre et en Allemagne, on en fait des opéras : Marquis de Brassac (France) 1750 ; Reeve (Angleterre) 1788 ; Weber (Allemagne) 1801 ; l'aventure des amants de l'Hellespont est aussi le sujet de « romances » (La Harpe) ou de pièces de théâtre, en France, avec de la Selve (1653), en Allemagne avec Busset (1812). Dans ce dernier pays, Goethe s'était proposé, en mai 1796, de la traiter poétiquement. Il finit par y renoncer ; mais Schiller reprit l'idée et composa, en 1801, un assez long poème de 260 vers, divisé en strophes de dix, que gâtent une rhétorique surabondante et de longs développements narratifs avec déploiement de personnifications allégoriques et de savante mythologie [1]. Certains passages toutefois suivent d'assez près le poème grec.

La légende continue d'émouvoir les imaginations et les sensibilités. Léandre symbolise aux yeux de certains romantiques le héros qui, en luttant contre les vagues de l'Hellespont, ne réussit à vaincre temporairement la destinée que pour être à la fin vaincu par elle. Le poète anglais Byron s'enthousiasme pour l'exploit sportif accompli par le nageur d'Abydos et songe à le renouveler. Le 3 mai 1810, il se met à l'eau sur la côte d'Europe et traverse à la nage, en 1 heure 10, le détroit [2] : sa prouesse le remplit d'orgueil ; il rappelle cet exploit dans son *Don Juan* et ne cesse, dans ses lettres, d'en entretenir pendant longtemps ses correspondants.

textes permettant de suivre jusqu'au xviie siècle le développement et les diverses expressions de la légende ; elle comprend aussi, p. 97-99, une abondante bibliographie. — Lexique : Domenico Bo, *Musaei Lexicon*, Hildesheim, Olms, 1966.

1. Texte et traduction dans *Ballades de Gœthe et de Schiller*, éd. trad. Léon Mis, Paris, Aubier, 1943, p. 295-308.

2. V. *Byron* par Maurice Castelain, Paris, Didier, 1942, p. 17.

Le poète autrichien Franz Grillparzer [1] met à la scène la légende dans une sorte de tragédie hellénisante en vers, qu'il fait représenter au Burgtheater de Vienne le 5 avril 1831. La pièce, au début, ne connut qu'un demi-succès; Grillparzer avait dû animer l'action en créant des personnages qui ne se trouvent pas chez Musée. Celui-ci ne fait qu'une rapide allusion aux parents hostiles de la jeune fille; Grillparzer a incarné le devoir dans le personnage tyrannique de son oncle le grand-prêtre qui, en éteignant la lampe de Héro, provoque la catastrophe; à Léandre, qui reste une figure assez pâle, il oppose son ami Naukléros, plus vigoureux et plus entreprenant; il met aussi sur le théâtre la suivante de Héro, Ianthé, que Musée n'avait point nommée et dont il fait une jeune fille vivante et rieuse; il fait paraître enfin au premier acte les parents de la jeune prêtresse d'Aphrodite et révèle en une scène le caractère du père, bavard, vaniteux, tyrannique, et celui de la mère, effacée, soumise avec crainte aux volontés de son mari. Le drame, d'un intérêt psychologique certain, connut à la reprise, en 1851, un vrai succès. Il a gardé depuis, dans les pays de langue allemande, une appréciable audience.

Nous ne saurions omettre de signaler ni le drame en un acte en vers de Louis Ratisbonne (1859) ni la traduction donnée par Thierry Sandre, en 1924, dans la Bibliothèque du Hérisson et accompagnée du poème de Clément Marot.

Il serait vain enfin de vouloir énumérer toutes les œuvres musicales inspirées par la tragique légende. Les musiciens italiens et allemands l'ont utilisée avec

---

1. *Grillparzer, des Meeres und der Liebe Wellen,* éd. trad. Hippol. Loiseau, Paris, Aubier, 1942, avec bibliographie sommaire.

prédilection, de Claudio Monteverdi (1558-1643) à Paul Caro, qui fit représenter à Breslau, en 1912, l'opéra de *Hero und Leander*, dont le livret était dû à Grillparzer [1].

V

L'ÉTABLISSEMENT DU TEXTE

Le texte de l'épyllion nous a été transmis par un assez grand nombre de manuscrits. Dans son édition de 1929 [2], Ludwich en énumère plus de trente-six, dont il assure avoir collationné personnellement le plus grand nombre. Une telle abondance n'est pas pour surprendre. Le poème a dû être considéré très tôt comme un des chefs-d'œuvre de la poésie alexandrine. Il voisine souvent, dans des recueils composites, avec les *Idylles* de Théocrite, de Bion, de Moschos, et même avec de prétendus poèmes homériques, comme la *Batrachomyomachie*.

Le plus ancien des recueils où il figure est le *Baroccianus* 50 (= B) qui se trouve à la Bibliothèque Bodléienne d'Oxford. Écrit sur parchemin, il se compose surtout d'écrits de grammairiens. Daté tout d'abord de la fin du xe ou du début du xie siècle, il a été examiné en 1952, sur place, par Paul Maas, qui l'a fait remonter à

---

1. Une cantate, *Héro et Léandre*, de Louis-Nicolas Clérambault (1676-1749), mise sous forme de ballet par le chorégraphe Juan Corelli, a été présentée sur les écrans de la Télévision française le mardi 30 octobre 1962, à 22 h. 15.

2. Arthur Ludwich, dans *Kleine Texte für Vorles. u. Übungen*, fasc. 98, Berlin, 1929; il en faisait déjà une description détaillée dans *Über die Handschriften des Epikers Musaios*, Königsberg, Hartung, 1896.

la première moitié du xᵉ siècle; il a été collationné pour
Ludwich par le savant T. W. Allen.

Autres manuscrits de la même famille : le *Vossianus gr. Q.* 59 (= T), du xvɪᵉ siècle, à l'Universiteits
Bibliotheek de Leyde et l'*Estensis III A* 17 (= E), du
xvᵉ siècle, à la Biblioteca Estense de Modène. Le
Baroccianus 50 contient dans ses marges des scholies
qui se contentent en général de rendre par les syno-
nymes prosaïques usuels les termes poétiques ou rares
du texte. La seule de ces annotations qui soit vraiment
intéressante pour la restitution du texte primitif est
celle qui concerne le v. 143 : pour expliquer le sens du
verbe ὑποδρήσσειν (qui se rencontre d'ailleurs dans
Apollonios de Rhodes et dans Nonnos, v. app. crit.), le
scholiaste écrit dans la marge de gauche βλέπειν τὴν
Ἀφροδίτην, ce qui, combiné avec l'ὑπαδρήσειν qu'offre
un autre manuscrit d'Oxford, le *Baroccianus* 64 (= O),
permet de soupçonner l'existence d'une variante : ὑπαθρῆσαι paléographiquement possible, mais dont le
simple, ἀθρῆσαι, est seul attesté jusqu'ici ¹.

Un autre manuscrit, l'*Estensis III C* 12 (= F), se
rattache au moins partiellement à cette famille, dite
d'Oxford du nom de la ville où se trouve son principal
représentant. L'*Estensis III C* 12 se divise en effet en
deux parties de date différente : la première (= F²),
qui va du v. 1 au v. 245, semble dater du xvᵉ siècle;
la seconde (= F¹) du v. 250 à la fin, du xɪvᵉ siècle.
Celle-ci, qui est donc la plus ancienne, reproduit jusqu'aux fautes les plus grossières du *Baroccianus* 50 :
au v. 314, avec ce dernier, l'*Estensis III C* 12 écrit

---

1. L'interprétation du Scholiaste (ὑποδρήσσειν = βλέπειν) et la
conjecture qu'en a tirée Ludwich (cf. N.C. *ad loc.*) ont été contes-
tées par Wifstrand, *Von Kallim. zu Nonnos*, Lund, 1933, p. 198.

σύνθετο au lieu de σύγχυτο et au v. 316, ἔρρως, qui n'a aucun sens, au lieu de εὖρος (le vent Eurus).

Une seconde famille a pour chefs de file un manuscrit de Naples, le *Neapolitanus II D* 4 (= N) et un manuscrit de Heidelberg, le *Palatinus gr.* 43 (= P), écrits sur deux colonnes. Ces deux manuscrits coïncident presque complètement : un assez grand nombre de leurs leçons sont identiques, tout en différant de celles de B et ils présentent en plusieurs endroits les mêmes omissions. Il semble qu'en quelques cas, assez rares à vrai dire, P ait été corrigé d'après N (v. 47, 253, 277); une seule fois le réviseur de N paraît s'être reporté à un manuscrit tiers (v. 268). Quoi qu'il en soit, P et N ne sauraient dériver de B, mais ont pour ancêtre un manuscrit différent.

Une troisième famille est représentée d'abord par le *Vaticanus gr.* 915 (= V), de la fin du XIIIe ou plutôt du début du XIVe siècle. Écrit sur deux colonnes, comme P et N, avec qui il donne, du reste, les v. 331 et 332, il fournit assez souvent un texte autre que celui de B et parfois meilleur. Malgré le mépris où le tient Ludwich [1] et l'impossibilité où l'on se trouve de déterminer si ces bonnes leçons, loin de correspondre à une tradition divergente, ne sont que des conjectures médiévales, il mérite d'être utilisé lorsque B n'offre pas de leçon satisfaisante; et c'est à plusieurs reprises le cas, surtout dans la deuxième partie du poème (v. 250-343) qui manque dans un certain nombre de manuscrits.

On pourrait ranger ceux-ci dans une quatrième famille; issus d'un modèle sans doute accidentellement mutilé, ils se terminent tous au v. 245, comme la

---

1. Ludwich, *Über die Handschr.*, p. 15.

partie la plus récente de F, que nous avons désignée
par le sigle F². Ce sont, avec le *Parisinus gr.* 2763
(= A), le *Palatinus gr.* 179 (= X) et l'*Ambrosianus*
S 31 *sup.* (= Q), tous datant du xve siècle et pareil-
lement agrémentés d'un vers « moralisant », copié
en face du dernier vers du texte ; le *Leidensis* 28
B.P.G. 74 *C* (= G), le *Barthianus* (= I), utilisé partiellement par Barth, le *Parisinus gr.* 2833 (= J), le
Laurentianus LXX 35 (= L) et le *Riccardianus gr.* 53
(= R) de Florence. Les manuscrits comportant la
formule « moralisante » ont bien été, de toute évidence,
copiés les uns sur les autres, mais l'ensemble dérive
de B, semble-t-il, par l'intermédiaire de A.

Enfin, on dispose, soit pour retrouver par conjecture
les leçons des manuscrits, soit pour les confirmer, de
deux éditions imprimées à la fin du xve siècle (incu-
nables), l'une à *Venise*, chez les Alde (= *v*), avec
traduction latine littérale, l'autre à *Florence* (= *f*)
sous la direction de l'érudit Janus Lascaris.

L'établissement du texte doit donc se fonder en
première ligne sur B, manuscrit le plus ancien, puis, à
égalité, sur N et P, enfin sur V, qui offre quelques
bonnes leçons à des endroits où celles de B sont mani-
festement fautives. La notoriété dont a joui l'œuvre de
Musée lui a valu en outre d'être souvent l'objet de
corrections de la part des philologues, depuis le xvi^e
siècle jusqu'aux temps modernes. Nous les avons parfois signalées dans l'apparat, mais nous n'avons admis
parmi ces multiples variantes que celles qui nous ont
paru vraiment intéressantes, en nous excusant de
l'arbitraire qui, obligatoirement, règne presque toujours dans un tel choix.

La bienveillance de l'*Association Guillaume Budé*
m'a permis de disposer d'une photographie de V et

des microfilms de B et de A; j'ai pu ainsi vérifier
quelques leçons incertaines. N a été collationné sur des
photographies obtenues grâce à l'obligeance de M. G.
Vallet, directeur de l'Institut français de Naples, et
du Professeur Antonio Garzya. L'état présent de
la Bibliothèque d'Heidelberg n'a pas permis, malgré
des démarches insistantes, d'obtenir le microfilm de P
(*Palatinus gr.* 43).

Il m'est agréable, en terminant, de remercier
M. J. J. G. Alexander, assistant au Department of
Western Manuscripts de la Bodléienne, pour les rensei-
gnements qu'il a bien voulu me communiquer, notamment sur le *Baroccianus* 50. Quant à l'aide, aussi bien-
veillante qu'érudite, qui m'a été apportée par M. Jean
Irigoin et par mon réviseur, M. Francis Vian, elle m'a
été, on s'en doute, des plus précieuses et je tiens à leur
exprimer ici ma bien vive reconnaissance; le présent
ouvrage doit beaucoup à leur science et à leur
dévouement.

Pierre Orsini.

SIGLA

B Baroccianus 50 saec. X.
  e cuius familia :
   T Vossianus gr. Q. 59 ca. 1500.
   E Estensis III A 17 saec. XV.
   F¹ Estensis III C 12 pars antiqua (u. 250-343) saec.
      XIV.
   H Harleianus 5659 saec. XV ex.
   K Parisinus gr. 2600 saec. XVI in.

N Neapolitanus II D 4 saec. XIV.
  e cuius familia :
   P Palatinus Heidelbergensis gr. 43 saec. XIV.

V Vaticanus gr. 915 saec. XIII ex. uel potius saec. XIV in.
   U Marcianus gr. 522 saec. XV Vaticani gr. 915 apo-
      graphon.

Praebent tantum u. 1-245 :

A Parisinus gr. 2763 saec. XV ex.
   G Leidensis B.P.G. 74 c saec. XV.
   Q Ambrosianus S 31 sup. saec. XV ex.
   J Parisinus gr. 2833 saec. XV ex.
   L Laurentianus LXX 35 saec. XV.
   R Riccardianus gr. 53 saec. XV.
   F Estensis III C 12 pars recentior (u. 1-245) saec. XV.

Codices deteriores :
   S Pragensis Strahoviensis 30 saec. XV.
   O Baroccianus 64 saec. XVI.
   M Ambrosianus E 39 sup. saec. XVI.
   Z Gothanus B 238 saec. XVII in.

Editiones :
   ν editio princeps Aldina, Venetiis excusa ca. 1494.
   ƒ editio florentina Joh. Lascaride auctore ca. 1494.

Notae aliae :
   Numerus 1 siglo additus scribam se ipsum corrigentem,
   numeri 2, 3, etc. correctores posteriores secundum
   temporum ordinem indicant.

MUSÉE

HÉRO ET LÉANDRE

Dis-moi, Déesse, la lampe, témoin des amours clandestines, et le nageur nocturne qui traversait la mer pour aller vers l'hymen, les noces ténébreuses que ne vit pas le Jour [1] impérissable, et Sestos et Abydos, pays des noces nocturnes de Héro ! J'entends parler de Léandre qui nage, de la lampe, la lampe qui transmet le message d'Aphrodite et qui, messagère, prépare le mariage nocturne de Héro ; la lampe, emblème de l'amour, eût bien mérité, après sa nocturne prouesse, que Zeus, dieu de l'Éther, la fît entrer au congrès des
10 constellations avec [2] le nom d'étoile d'amour des fiancés ; car elle fut l'auxiliatrice des souffrances passionnées, elle protégea le messager des hymens dédaigneux du sommeil jusqu'à l'heure où, de ses funestes haleines, souffla un vent ennemi. Allons ! tandis que je chante, célèbre avec moi la fin où périrent ensemble la lampe qui s'éteint et Léandre qui meurt !

Sestos [3] et Abydos [4] se faisaient face, au bord de la mer. Ce sont cités voisines. Amour, bandant son arc, lança sur les deux villes un même trait, qui embrasa

1. Ἠώς, le jour, pour désigner soit le début (l'aurore), soit le milieu, ou même la fin de la journée (cf. v. 110).
2. L'expression se trouve déjà dans Eschyle, *Agam.*, v. 4.
3. Sestos, ville de la Chersonèse de Thrace (prequ'île de Gallipoli), auj. Zéménik. Colonie d'Athènes, elle fut une escale importante sur la route menant de la mer Égée au Pont-Euxin. Strabon, XIII, 591, l'appelle ἀρίστη τῶν ἐν Χερρονήσῳ πόλεων.

ΜΟΥΣΑΙΟΥ

ΤΑ ΚΑΘ' ΗΡΩ ΚΑΙ ΛΕΑΝΔΡΟΝ

Εἰπέ, θεά, κρυφίων ἐπιμάρτυρα λύχνον ἐρώτων,
καὶ νύχιον πλωτῆρα θαλασσοπόρων ὑμεναίων,
καὶ γάμον ἀχλυόεντα, τὸν οὐκ ἴδεν ἄφθιτος Ἠώς,
καὶ Σηστὸν καὶ Ἄβυδον, ὅπῃ γάμος ἔννυχος Ἡροῦς.
Νηχόμενόν τε Λέανδρον ὁμοῦ καὶ λύχνον ἀκούω,   5
λύχνον ἀπαγγέλλοντα διακτορίην Ἀφροδίτης,
Ἡροῦς νυκτιγάμοιο γαμοστόλον ἀγγελιώτην,
λύχνον, ἔρωτος ἄγαλμα, τὸν ὤφελεν αἰθέριος Ζεὺς
ἐννύχιον μετ' ἄεθλον ἄγειν ἐς ὁμήγυριν ἄστρων,
καί μιν ἐπικλῆσαι νυμφοστόλον ἄστρον ἐρώτων,   10
ὅττι πέλεν συνέριθος ἐρωμανέων ὀδυνάων
ἀγγελίην τε φύλαξεν ἀκοιμήτων ὑμεναίων,
πρὶν χαλεπαῖς πνοιῇσιν ἀήμεναι ἐχθρὸν ἀήτην.
Ἀλλ' ἄγε μοι μέλποντι μίαν συνάειδε τελευτὴν
λύχνου σβεννυμένοιο καὶ ὀλλυμένοιο Λεάνδρου.   15
Σηστὸς ἔην καὶ Ἄβυδος ἐναντίον ἐγγύθι πόντου·
γείτονές εἰσι πόληες· Ἔρως δ' ἐὰ τόξα τιταίνων,
ἀμφοτέραις πολίεσσιν ἕνα ξύνωσεν ὀιστόν,

5 νηχόμενόν codd. : σμυγόμενόν coni. Ludwich (cf. Il. 22,411;
Ap. Rh. Arg. 3, 446; Mosch. fr. II, 4 Legrand) ‖ 6 Ἀφροδίτης plerique : -την NP ‖ 12 τε φύλαξεν NP : τ' ἐφύλ- plerique
δ' ἐφύλ- MOS ἐφύλ- B ‖ 13 χαλεπαῖς Köchly : χαλεπῇσι P -ποῖσι
N χαλεπὸν cett. (cf. ἀδόκητον 88, ἄθροον 311 et schol.) ‖ 17 ἐὰ
Lehrs : ἀνὰ codd. ‖ 18 ἀμφοτέραις PT : -ρῃς plerique -ροις BE ‖
ξύνωσεν Dilthey (cf. Nonn. Dion. 5, 561; 35, 135, etc.) : ξυνέηχεν
codd.

un jeune homme et une jeune fille. Ils s'appelaient,
20 lui, le charmant Léandre; elle, la vierge Héro.
Celle-ci habitait Sestos; lui, la ville forte d'Abydos.
Tous deux étaient les astres [1] magnifiques des deux
villes; ils formaient un couple assorti. Si jamais tu
passes par là, cherche, je t'en prie, une tour : là se
tenait jadis la Sestienne Héro, une lampe à la main,
quand elle guidait Léandre. Cherche aussi le détroit, au
sonore ressac, de l'antique Abydos. Sans doute pleure-
t-il encore le destin et l'amour de Léandre.

Mais comment Léandre, citoyen d'Abydos, en vint-il
à aimer Héro et l'enchaîna-t-il, elle aussi, à son amour?
30 La gracieuse Héro, issue du sang des dieux, était
prêtresse de Cypris [2]. Ignorant le mariage, elle habitait
la Tour de ses ancêtres, au voisinage de la mer. C'était
une seconde reine Cypris. Mais, par sagesse et par
pudeur, jamais elle ne s'était mêlée aux réunions des
femmes, jamais elle n'était entrée dans le chœur
gracieux des jeunes filles de son âge, afin d'éviter le
blâme jaloux des personnes du sexe. Car les femmes
sont jalouses même de la beauté triomphante. Sans
cesse, elle cherchait à se concilier Aphrodite Cythérée.
Souvent aussi, elle adressait prières et sacrifices à
40 l'Amour, en même temps qu'à sa mère céleste; car
elle redoutait le carquois brûlant. Peine perdue ! elle
n'évita point les flèches de flamme.

Or donc, survint la fête nationale de Cypris, que le
peuple entier de Sestos célèbre en l'honneur d'Adonis et
de Cythérée [3]. En foule, ils se hâtaient d'arriver pour le
jour sacré, tous les habitants des rivages sur les îles

---

1. Apposition laudative; cf. *Il.*, 6,401, où Astyanax, fils
d'Hector, est comparé à un bel astre; Apoll. de Rh., *Argon.*
II, 40; l'expression de Musée semble un souvenir direct de celle
qu'emploie Callimaque, fr. 67 Pfeiffer, v. 5, à propos d'Acontios et
de Cydippé.

ἤïθεον φλέξας καὶ παρθένον· οὔνομα δ᾽ αὐτῶν
ἱμερόεις τε Λέανδρος ἔην καὶ παρθένος Ἡρώ.   20
Ἡ μὲν Σηστὸν ἔναιεν, ὁ δὲ πτολίεθρον Ἀβύδου,
ἀμφοτέρων πολίων περικαλλέες ἀστέρες ἄμφω,
εἴκελοι ἀλλήλοισι. Σὺ δ᾽ εἴ ποτε κεῖθι περήσεις,
δίζεό μοί τινα πύργον, ὅπῃ ποτὲ Σηστιὰς Ἡρὼ
ἵστατο, λύχνον ἔχουσα, καὶ ἡγεμόνευε Λεάνδρῳ·   25
δίζεο δ᾽ ἀρχαίης ἁλιηχέα πορθμὸν Ἀβύδου·
εἰσέτι που κλαίοντα μόρον καὶ ἔρωτα Λεάνδρου.
Ἀλλὰ πόθεν Λείανδρος Ἀβυδόθι δώματα ναίων
Ἡροῦς ἐς πόθον ἦλθε, πόθῳ δ᾽ ἐνέδησε καὶ αὐτήν;
Ἡρὼ μὲν χαρίεσσα, διοτρεφὲς αἷμα λαχοῦσα,   30
Κύπριδος ἦν ἱέρεια, γάμων δ᾽ ἀδίδακτος ἐοῦσα,
πύργον ἀπὸ προγόνων παρὰ γείτονι ναῖε θαλάσσῃ,
ἄλλη Κύπρις ἄνασσα· σαοφροσύνῃ δὲ καὶ αἰδοῖ
οὐδέποτ᾽ ἀγρομένῃσι συνωμίλησε γυναιξὶν
οὐδὲ χορὸν χαρίεντα μετήλυθεν ἥλικος ἥβης,   35
μῶμον ἀλευομένη ζηλήμονα θηλυτεράων·
καὶ γὰρ ἐπ᾽ ἀγλαΐῃ ζηλήμονές εἰσι γυναῖκες·
ἀλλ᾽ αἰεὶ Κυθέρειαν ἱλασκομένη Ἀφροδίτην
πολλάκι καὶ τὸν Ἔρωτα παρηγορέεσκε θυηλαῖς
μητρὶ σὺν οὐρανίῃ, φλογερὴν τρομέουσα φαρέτρην.   40
Ἀλλ᾽ οὐδ᾽ ὣς ἀλέεινε πυριπνείοντας ὀιστούς.
Δὴ γὰρ Κυπριδίη πανδήμιος ἦλθεν ἑορτή,
τὴν ἀνὰ Σηστὸν ἄγουσιν Ἀδώνιδι καὶ Κυθερείῃ·
πασσυδίῃ δ᾽ ἔσπευδον ἐς ἱερὸν ἦμαρ ἱκέσθαι,
ὅσσοι ναιετάασκον ἁλιστεφέων σφυρὰ νήσων,   45

19 φλέξας plerique : φυλάξας N¹ φυλλ- N²P ‖ αὐτῶν codd. :
αὐτοῖς coni. Schwabe ‖ 29 ἐς plerique : εἰς NPV ‖ ἐνέδησε BP :
ἐνέδυσε N ἀνέδησε VAT ‖ 32 παρὰ plerique : περὶ VAT ‖ 33 δὲ
ΕΚ² fv : τε plerique (qua de causa lac. susp. Ludwich post
αἰδοῖ) ‖ 34 συνωμίλησε plerique : ἐνωμίλησε ΕΗ μεθωμίλησε Τ ‖
40 τρομέουσα φαρέτρην plerique : τρομέουσ᾽ ἀφροδίτην ‖ 41 ante
39 habent NP ‖ 45 post 49 transp. Klouçek ‖ ἁλιστεφέων QR
(cf. Nonn. Dion. 13, 455) : ἁλιστρεφέων ΕΗ ἁλ(λ)ιτρεφέων BVNP.

couronnées de vagues, qui d'Hémonie[1], qui de la mari-
time Chypre; plus une femme ne restait dans les
bourgs de Cythère, plus un danseur sur les cimes du
Liban[2] embaumé; pas un voisin ne manquait à la
50 fête, pas un Phrygien[3], pas un citoyen de la proche
Abydos, pas un garçon amateur de jeunes filles. Les
garçons, c'est connu, se donnent toujours rendez-vous
à l'endroit où l'on annonce quelque fête et se soucient
bien moins de sacrifices à offrir aux Immortels que de
la beauté des filles rassemblées.

Donc, la jeune Héro se rendait au temple de la
déesse. Elle rayonnait du vibrant éclat de son gracieux
visage, comme la face argentée de la lune à son lever.
Les rondes pommettes de ses joues de neige s'empour-
praient comme une rose doublement nuancée au
60 sortir du bouton. Oui, on eût dit que sur le corps de
Héro apparaissait un parterre de roses; car sa peau se
colorait de rose. Quand elle allait, en robe blanche, des
roses brillaient aux talons de la jeune fille et une infi-
nité de Grâces s'épanchaient de son corps. Nos pères,
quelle erreur ! n'ont compté que trois Grâces : dans le
sourire d'un seul des yeux de Héro, on voyait fleurir
plus de cent Grâces[4] ! Vraiment, Cypris s'était
trouvé une digne prêtresse !

Ainsi, la prêtresse de Cypris, qui avait dépassé
infiniment toutes les femmes, apparaissait comme
une nouvelle Cypris. Elle s'était glissée dans le tendre

1. Ancien nom de la Thessalie, d'après le nom d'un roi mythique de la contrée, Hémon; cf. Strabon, IX, 443.

2. Chaîne de montagnes de Syrie, entre la Phénicie et la
Cœlésyrie, célèbre par ses cèdres et ses plantes aromatiques;
cf. Strabon, XVI, 754. Comme nom commun, λίϭανος désigne
parfois l'encens.

3. La Phrygie est la région centrale de l'Asie Mineure,
comprise, selon Hérodote, V, 49, entre la Lydie et la Cappadoce.

οἱ μὲν ἀφ' Αἱμονίης, οἱ δ' εἰναλίης ἀπὸ Κύπρου·

οὐδὲ γυνή τις ἔμιμνεν ἀνὰ πτολίεθρα Κυθήρων,

οὐ Λιβάνου θυόεντος ἐνὶ πτερύγεσσι χορεύων·

οὐδὲ περικτιόνων τις ἐλείπετο τῆμος ἑορτῆς,

οὐ Φρυγίης ναέτης, οὐ γείτονος ἀστὸς Ἀβύδου, 50

οὐδέ τις ἠιθέων φιλοπάρθενος· ἢ γὰρ ἐκεῖνοι,

αἰὲν ὁμαρτήσαντες, ὅπῃ φάτις ἐστὶν ἑορτῆς,

οὐ τόσον ἀθανάτοισιν ἀγέμεν σπεύδουσι θυηλάς,

ὅσσον ἀγειρομένων διὰ κάλλεα παρθενικάων.

Ἡ δὲ θεῆς ἀνὰ νηὸν ἐπώχετο παρθένος Ἡρώ, 55

μαρμαρυγὴν χαρίεσσαν ἀπαστράπτουσα προσώπου

οἷά τε λευκοπάρῃος ἐπαντέλλουσα σελήνη.

Ἄκρα δὲ χιονέων φοινίσσετο κύκλα παρειῶν,

ὡς ῥόδον ἐκ καλύκων διδυμόχροον· ἢ τάχα φαίης

Ἡροῦς ἐν μελέεσσι ῥόδων λειμῶνα φανῆναι· 60

χροιὴ γὰρ μελέων ἐρυθαίνετο· νισσομένης δὲ

καὶ ῥόδα λευκοχίτωνος ὑπὸ σφυρὰ λάμπετο κούρης,

πολλαὶ δ' ἐκ μελέων Χάριτες ῥέον. Οἱ δὲ παλαιοὶ

τρεῖς Χάριτας ψεύσαντο πεφυκέναι· εἷς δέ τις Ἡροῦς

ὀφθαλμὸς γελόων ἑκατὸν Χαρίτεσσι τεθήλει. 65

Ἀτρεκέως ἱέρειαν ἐπάξιον εὕρατο Κύπρις.

Ὣς ἡ μέν, περιπολλὸν ἀριστεύσασα γυναικῶν,

Κύπριδος ἀρήτειρα, νέη διεφαίνετο Κύπρις.

---

47 ἀνὰ πτολίεθρα NP² (cf. 43, 55, 192, 227) : ἐνὶ πτολίεσσι plerique et P¹ ‖ uersum transpos. Dilthey post 50, a quo dissentit Ludwich ‖ 53 ἀθανάτοισιν VAK¹L : -των BNPK² ‖ ἀγέμεν BK²EH : ἄγειν VANPK¹L ‖ 54 post ὅσσον lac. coni. Dilthey et in subsequenti uersu ⟨μοῦνον⟩ ἀγειρομένων κτλ scripsit ‖ ἀγειρομένων EK² : ἀγειρόμενοι BNPV (cf. schol. B ἀθροιζόμενοι) ‖ 56 μαρμαρυγὴν χαρίεσσαν NP (cf. Nonn. Dion. 28, 227) : -γὴν χαρίεντος K² -γὰς χαριέσσας BV ‖ ἀπαστράπτουσα plerique : ἐπ- PN ‖ προσώπου plerique : -πω N ‖ 58 χιονέων... παρειῶν EH : χιονέης... παρειῶν BVNP χιονέης... παρειῆς coni. Wernicke ‖ 61 χροιὴ BVP : χροιῇ N χροιὴν EH ‖ 64 πεφυκέναι omis. PN ‖ 66 post 76 transp. Köchly ‖ 67 ἀριστεύσασα BVA : ἀριστεύουσα NP.

cœur des garçons; et il n'y en avait aucun, parmi eux,
70 qui ne brûlât de recevoir Héro dans sa couche. Quand
elle allait et venait dans le temple magnifique, elle
traînait après elle les esprits, les regards et les cœurs.
Un jour, un de ces garçons, saisi d'admiration, s'écria :
« Même à Sparte, où je suis allé, dans cette ville de
Lacédémôn que j'ai visitée, et où, dit-on, les beautés
rivalisent et se disputent le prix [1], jamais je n'ai vu une
telle enfant, aussi belle, aussi exquise. Sans aucun
doute, Cypris possède en elle une de ses plus jeunes
Grâces [2]. Je me suis lassé à la regarder, sans pouvoir me
rassasier de son image. Je mourrais bien à l'instant, si
d'abord je pouvais monter dans la couche de Héro !
80 Peu me soucierais-je d'être dieu dans l'Olympe, si je
possède Héro comme épouse dans ma maison ! Mais,
s'il m'est interdit de toucher à ta prêtresse [3], accorde-moi
du moins, ô Cythérée, une jeune épousée qui lui
ressemble ! »

C'est ainsi que s'exprimait l'un des garçons; chacun
de son côté, dissimulant sa blessure, était pris de
délire devant la beauté de la jeune fille.

Mais toi, malheureux Léandre, dès que tu vis la
noble vierge, tu ne souffris pas que ton cœur s'épuisât
en silence sous les coups d'aiguillon. Dompté soudain
par les flèches de flamme, tu n'admis plus de vivre sans
90 posséder la splendide Héro; le brandon des amours

1. La beauté des femmes de Sparte était célèbre dès l'époque
homérique; cf. *Od.*, 13, 412. Selon Athénée, XIII, 566 *a*, on
organisait dans la cité lacédémonienne des concours de beauté;
cf. *R.E.* X., col. 1674, *s.u. Kallisteia* (Nilsson).
2. Les Grâces, ou Charites, filles de Zeus et d'Eurynomé
(ou parfois de Héra), étaient d'ordinaire au nombre de trois,
Selon Hésiode, *Théog.*, 909, elles se nommaient Euphrosyné.
Thalia et Aglaé. On les représentait souvent accompagnant
Aphrodite.

Δύσατο δ' ἠιθέων ἁπαλὰς φρένας· οὐδέ τις αὐτῶν
ἦεν, ὃς οὐ μενέαινεν ἔχειν ὁμοδέμνιον Ἡρώ. 70
Ἡ δ' ἄρα καλλιθέμεθλον ὅπῃ κατὰ νηὸν ἀλᾶτο,
ἑσπόμενον νόον εἶχε καὶ ὄμματα καὶ φρένας ἀνδρῶν.
Καί τις ἐν ἠιθέοισιν ἐθαύμασε καὶ φάτο μῦθον·
« Καὶ Σπάρτης ἐπέβην, Λακεδαίμονος ἔδρακον ἄστυ,
ᾗχι μόθον καὶ ἄεθλον ἀκούομεν ἀγλαΐάων· 75
τοίην δ' οὔ ποτ' ὄπωπα νέην ἰδανήν θ' ἁπαλήν τε·
ἢ τάχα Κύπρις ἔχει Χαρίτων μίαν ὁπλοτεράων.
Παπταίνων ἐμόγησα, κόρον δ' οὐχ εὗρον ὀπωπῆς.
Αὐτίκα τεθναίην λεχέων ἐπιβήμενος Ἡροῦς.
Οὐκ ἂν ἐγὼ κατ' Ὄλυμπον ἐφιμείρω θεὸς εἶναι, 80
ἡμετέρην παράκοιτιν ἔχων ἐνὶ δώμασιν Ἡρώ.
Εἰ δέ μοι οὐκ ἐπέοικε τεὴν ἱέρειαν ἀφάσσειν,
τοίην μοι, Κυθέρεια, νέην παράκοιτιν ὀπάσσοις.»
Τοῖα μὲν ἠιθέων τις ἐφώνεεν· ἄλλοθεν ἄλλος
ἕλκος ὑποκλέπτων ἐπεμήνατο κάλλεϊ κούρης. 85
Αἰνοπαθὲς Λείανδρε, σὺ δ' ὡς ἴδες εὐκλέα κούρην,
οὐκ ἔθελες κρυφίοισι κατατρύχειν φρένα κέντροις,
ἀλλὰ πυριβλήτοισι δαμεὶς ἀδόκητον ὀιστοῖς,
οὐκ ἔθελες ζώειν περικαλλέος ἄμμορος Ἡροῦς·
σὺν βλεφάρων δ' ἀκτῖσιν ἀέξετο πυρσὸς ἐρώτων, 90

69 αὐτῶν Dilthey : ἀνδρῶν codd. ‖ **72** εἶχε codd. (cf. Nonn.
Dion. 8, 2; 33, 235) : εἶλχε coni. Dilthey ‖ φρένας codd.: πόδας
coni. Dilthey ‖ **74** σπάρτης plerique : -την Β¹Ρ -των Ν¹ ‖ ἄστυ
codd. : ἄστρον coni. Ludwich ‖ **76** ποτ' VA : πω ΒΝΡ ‖ νέην ἰδανήν
θ' Dilthey : νέην ἰδανὴν θ' (sic) Β νεηνίδα αἰπὴν δ' (et γρ. αἰπείην τ'
s.l.) Ν -πὴν θ' Ρ ‖ **77** ἢ Ε² Η¹ : ἢ Β ἡ Τ καὶ cett. ‖ **81**
ἡμετέρην codd. : ἡμετέροις coni. d'Orville ‖ **83** ὁπάσσοις codd.
(cf. R. Keydell, *Nonni Dionys.*, p. 47*) : ὁπάσσαις *fv* ‖ **84** ἄλλοθεν
ἄλλος distinct. del. Köchly, qui lac. post ἄλλος suspic. : ἄλλοθε
δ' ἄλλος U Zimmermann, melius fortasse ἄλλοτε δὲ coni.
Ludwich ‖ **87-88** om. Ν ‖ **87** ἔθελες codd.: ἔτλης coni. Dilthey
‖ **88** πυριβλήτοισι ΒΡ (cf. Meleagr. *Anth. pal.* 12, 76, 2; Nonn.
Dion. 29, 211) : πυριπνεύστοισι ΕΗ ‖ ἀδόκητον plerique : ἀδοκήτοις
Β -κητως Ρ.

s'attisait à l'éclat de ses yeux, et ton cœur bouillonnait
sous l'ardeur d'une flamme invincible. Car la beauté
partout célébrée d'une femme irréprochable atteint
les mortels d'un trait plus rapide que la flèche ailée.
C'est par l'œil que ce trait passe [1]; de l'œil, qui le lance,
la beauté glisse et chemine jusqu'au cœur de l'homme.
A ce moment, donc, l'admiration, l'audace, l'effroi,
le respect s'emparèrent de Léandre. Son cœur
s'effrayait et le respect le retenait de se laisser prendre.
Mais, tandis qu'il admirait cette beauté parfaite,
l'amour chassa le respect. Hardiment, poussé par
100 l'amour, que l'audace séduit, il s'approcha doucement
et s'arrêta devant la jeune fille. Tout en l'épiant du
coin de l'œil, il se mit à lui décocher d'insidieux regards.
Par de muets signes de tête, il cherchait à égarer son
cœur. Elle, dès qu'elle se fut rendu compte de l'ardente
ruse de Léandre, elle se réjouit de le voir si beau; de
son côté, elle aussi baissa maintes fois, sans en avoir
l'air, son regard charmant, tout en répondant à Léandre
par d'imperceptibles inclinaisons de tête. Puis, de
nouveau, elle continuait son manège; et lui, au fond
de son cœur, il exultait de voir que la jeune fille avait
aperçu sa passion et ne l'avait pas repoussée.

Donc, tandis que Léandre cherchait l'heure d'un
110 rendez-vous secret, le Jour, reployant sa lumière,
descendit et se coucha. A l'horizon se levait, brillante
dans la nuit profonde, l'Étoile du soir [2]. Alors il s'enhardit et, quand il vit accourir l'Obscurité en robe bleue,

---

1. Cf. *Introd.*, p. xvii. Sur l'œil, chemin de l'amour, cf.
Platon, *Phèdre*, 251 *b*; l'expression est devenue un lieu commun
de l'érotique alexandrine; cf. *Introd.* p. xiii.
2. Hespéros (l'Étoile du soir) passe pour le fils ou le frère

καὶ κραδίη πάφλαζεν ἀνικήτου πυρὸς ὁρμῇ.
Κάλλος γὰρ περίπυστον ἀμωμήτοιο γυναικὸς
ὀξύτερον μερόπεσσι πέλει πτερόεντος ὀϊστοῦ·
ὀφθαλμὸς δ᾽ ὁδός ἐστιν· ἀπ᾽ ὀφθάλμοιο βολάων
κάλλος ὀλισθαίνει καὶ ἐπὶ φρένας ἀνδρὸς ὁδεύει.   95
Εἷλε δέ μιν τότε θάμβος, ἀναιδείη, τρόμος, αἰδώς·
ἔτρεμε μὲν κραδίην, αἰδὼς δέ μιν εἶχεν ἁλῶναι·
θάμβεε δ᾽ εἶδος ἄριστον, ἔρως δ᾽ ἀπενόσφισεν αἰδῶ·
θαρσαλέως δ᾽ ὑπ᾽ ἔρωτος ἀναιδείην ἀγαπάζων,
ἠρέμα ποσσὶν ἔβαινε καὶ ἀντίος ἵστατο κούρης.   100
Λοξὰ δ᾽ ὀπιπεύων δολερὰς ἐλέλιξεν ὀπωπάς,
νεύμασιν ἀφθόγγοισι παραπλάζων φρένα κούρης.
Αὐτὴ δ᾽, ὡς συνέηκε πόθον δολόεντα Λεάνδρου,
χαῖρεν ἐπ᾽ ἀγλαΐησιν· ἐν ἡσυχίῃ δὲ καὶ αὐτὴ
πολλάκις ἱμερόεσσαν ἑὴν ἐπέκυψεν ὀπωπήν,   105
νεύμασι λαθριδίοισιν ἐπαγγελέουσα Λεάνδρῳ,
καὶ πάλιν ἀντέκλινεν· ὁ δ᾽ ἔνδοθι θυμὸν ἰάνθη
ὅττι πόθον συνέηκε καὶ οὐκ ἀπεσείσατο κούρη.
Ὄφρα μὲν οὖν Λείανδρος ἐδίζετο λάθριον ὥρην,
φέγγος ἀναστείλασα κατήιεν ἐς δύσιν Ἠώς·   110
ἐκ περάτης δ᾽ ἀνέτελλε βαθύσκιος Ἕσπερος ἀστήρ·
αὐτὰρ ὁ θαρσαλέως μετεκίαθεν ἐγγύθι κούρης,
ὡς ἴδε κυανόπεπλον ἐπιθρῴσκουσαν Ὀμίχλην,
ἠρέμα δὲ θλίβων ῥοδοειδέα δάκτυλα κούρης,

92 περίπυστον plerique : περίπαστον N¹ περίπατον P ‖ 95 κάλλος plerique : (cf. Nonn. *Dion.* 11, 376) : ἕλκος E¹ fν ‖ 97 κραδίην Francius : κραδίη uel -δίῃ codd. plerique καρδίη P καρδίη N ‖ 100 ἀντίος T (cf. *Il.* 12, 31; Nonn. *Dion.* 36, 83) : ἀντίον plerique ‖ 101 ὀπιπεύων B¹ : ὀπιπτεύων B² ὀπεύων PN ‖ ἐλέλιξεν codd. : ἐλέλιζεν ν (cf. Nonn. *Dion.* 2, 525) ‖ 103 αὐτὴ plerique : αὕτη B αὕτη H ‖ 104 ἡσυχίῃ plerique : ἰσχύι NP ‖ 105 ἑὴν om. NP ‖ ἐπέκυψεν NPVHK : ἀπέκυψεν U ἀπέκρυψεν B ‖ 106 ἐπαγγελέουσα BPN : ἀπαγγελέουσα E²K² ἀπαγγέλλουσα A ἐπαγγέλλουσα VT ‖ 108 συνέηκε Köchly : ξυν- codd. ‖ 110 ἐς BV : εἰς NP ‖ 111 ἀνέτελλε H : -τειλε BPN ἀνέφαινε V²EJK ἀνέφηνε V¹U ‖ 113-114 om. N ‖ 114 δὲ codd. : μὲν ν.

4

il s'approcha encore. Pressant doucement les doigts
roses de la jeune fille, il poussait du tréfonds de son
cœur d'indicibles soupirs. Héro, sans mot dire et
comme irritée, retira sa main de rose. Lorsque Léandre
vit, à ses mouvements de tête, que l'aimable vierge
fléchissait, il tira hardiment, d'un geste de la main,
la tunique brodée [1] de Héro et l'entraîna vers les recoins
les plus reculés du temple saint. La vierge le suivit
120 à pas hésitants, comme à contre-cœur, et fit entendre
seulement ces mots, par lesquels elle menaçait Léandre
en termes bien féminins :

« Étranger, quelle est cette folie? Je suis une vraie
jeune fille ! Pourquoi, malheureux, m'entraînes-tu?
Adresse-toi ici à une autre [2], et lâche ma tunique !
Redoute le courroux de mes riches parents ! Il t'est
défendu de toucher à la prêtresse de Cypris. La couche
d'une vierge est domaine interdit [3] ! »

Telles étaient ses menaces, analogues à toutes celles
des jeunes filles. Mais, lorsque Léandre sentit la pointe
de ces menaces bien féminines, il y reconnut les
130 indices des abandons virginaux. Et en effet, lorsque
les femmes menacent les jeunes hommes, leurs menaces
sont simples avant-coureurs des entretiens de Cypris.
Il mit un baiser sur la nuque douce et parfumée de
Héro, puis, blessé de l'aiguillon du désir, lui adressa
ces mots :

d'Atlas. Selon l'*Il.*, 23, 318, c'est le plus bel astre du ciel; c'est
aussi l'étoile d'Aphrodite, notre planète Vénus (cf. Pline,
H.N., II, 37). Selon Catulle, 65, 328-329, jeunes gens et jeunes
filles l'invoquaient, lors des noces, lorsqu'ils chantaient l'épi-
thalame; il est aussi invoqué dans le fragment de poème en
hexamètres conservé par le *Papyrus Ryland* 486.
    1. Au v. 62, Héro est vêtue d'une tunique blanche.

βυσσόθεν ἐστενάχιζεν ἀθέσφατον· ἡ δὲ σιωπῇ,   115
οἷά τε χωομένη, ῥοδέην ἐξέσπασε χεῖρα.
Ὡς δ' ἐρατῆς ἐνόησε χαλίφρονα νεύματα κούρης,
θαρσαλέως παλάμῃ πολυδαίδαλον εἷλκε χιτῶνα,
ἔσχατα τιμήεντος ἄγων ἐπὶ κεύθεα νηοῦ.
Ὀκναλέοις δὲ πόδεσσιν ἐφέσπετο παρθένος Ἡρώ,   120
οἷάπερ οὐκ ἐθέλουσα, τόσην δ' ἀνενείκατο φωνὴν
θηλυτέροις ἐπέεσσιν ἀπειλείουσα Λεάνδρῳ·
« Ξεῖνε, τί μαργαίνεις; Τί με, δύσμορε, παρθένον ἕλκεις;
ἄλλην δεῦρο κέλευσον· ἐμὸν δ' ἀπόλειπε χιτῶνα.
Μῆνιν ἐμῶν ἀλέεινε πολυκτεάνων γενετήρων.   125
Κύπριδος οὖ σοι ἔοικε θεῆς ἱέρειαν ἀφάσσειν·
παρθενικῆς ἐπὶ λέκτρον ἀμήχανόν ἐστιν ἱκέσθαι.»
Τοῖα μὲν ἠπείλησεν ἐοικότα παρθενικῇσι.
Θηλυτέρης δὲ Λέανδρος ὅτ' ἔκλυεν οἶστρον ἀπειλῆς,
ἔγνω πειθομένων σημήια παρθενικάων.   130
Καὶ γὰρ ὅτ' ἠιθέοισιν ἀπειλείουσι γυναῖκες,
Κυπριδίων δάρων αὐτάγγελοί εἰσιν ἀπειλαί.
Παρθενικῆς δ' εὔοδμον εὔχροον αὐχένα κύσσας,
τοῖον μῦθον ἔειπε, πόθου βεβολημένος οἴστρῳ·

---

115 ἐστενάχιζεν B : -χισεν P² -χησεν N ἐστονάχιζεν E -χισεν V ‖
116-117 om. NP¹ ‖ **117** post 118 B¹ : iterum scripsit correxitque
uersum in marg. B² ‖ δ' ἐρατῆς B² et plerique : ἄρα τῆς B¹ ‖ **118**
θαρσαλέως BNP : θαρσαλέῃ VHJK (cf. 120) ‖ εἷλχε NPF : ἕλχε
BVAEH ‖ **120** ὀκναλέοις quidam : -εως BNP ‖ **121** τόσην Imanuel
(cf. Mosch. *Eur.* 134; Nonn. *Dion.* 6, 345; Colluthus 170, 267,
307, 331) : τοίην codd. ‖ ἀνενείκατο ν : ἀνενήκ- codd. ‖ **124** δεῦρο
codd. (cf. 248) : fortasse εὑρὲ (= ἄλλην εὑρὲ κέλευθον) ‖ κέλευσον
Köchly : κέλευθον codd. κάλεσσον coni. Patzig (cf. *Od.* 17, 529) ‖
125 ἀλέεινε Heinrich (cf. 41 et Nonn. *Dion.* 4, 66) : ἀπόειπε plerique ἀπόλειπε A²G² ‖ **126** οὖ σοι ἔοικε codd. : οὐκ ἐπέοικε coni.
Dilthey (cf. 82, 143) ‖ **129** θηλυτέρης Dilthey : θηλείης codd. ‖ ὅτ'
ἔκλυεν EFK (cf. 131, 339; Nonn. *Dion.* 35, 230) : ὡς ἔκλυεν cett. ‖
131 ἀπειλείουσι H²K² : -λήσουσι B ἀπεχθαίρουσι K¹Jὲ π- PN² ἐχθαί-
ρουσι V ‖ **134** πόθου BK² : πόθω NPVFK¹ πόθων T ‖ βεβολημένος
plerique : βεβουλη- N βεβλη- FK¹U ‖ οἴστρῳ B : οἴστρου VANP.

« Chère Cypris sœur de Cypris, chère Athéna sœur
d'Athéna[1], car je ne peux te donner un nom de femme
de la terre, toi que j'égale aux filles de Zeus Cronien,
bienheureux celui qui t'engendra, bienheureuse la
mère qui t'enfanta, et fortunées entre toutes les
entrailles qui te mirent au monde[2]! Ah! écoute mes
140 prières! Prends en pitié mon invincible amour!
Prêtresse de Cypris, ne fuis pas l'œuvre de Cypris!
Viens, viens célébrer les mystères de l'union conjugale,
les lois de la Déesse. Une vierge ne convient pas au
service d'Aphrodite! Des créatures virginales ne
touchent point Cypris! Si tu veux connaître les lois
d'amour de la Déesse et ses mystères vénérables, il y a
le mariage et la couche nuptiale. Si tu chéris Cythérée,
accepte donc la suave loi des ensorcelantes amours.
Prends-moi comme ton suppliant et, si tu veux bien,
comme ton amant, un amant qu'Amour, ce chasseur,
a capturé après l'avoir atteint de ses traits; ainsi
150 l'intrépide Héraclès, l'agile Hermès à la baguette d'or[3]
le conduisit, pour qu'il servît, en mercenaire, la fille de
Jardanos[4]. Pour moi, c'est Cypris qui m'a envoyé vers
toi, ce n'est pas l'habile Hermès qui m'a conduit. Elle
ne t'est sûrement pas inconnue, la vierge d'Arcadie,
Atalante[5], qui jadis évita la couche de Mélanion[6], son
amoureux, pour garder sa virginité. Mais Aphrodite se fâcha; l'homme dont Atalante n'avait

---

1. Antithèse : Cypris, déesse de l'amour, est opposée à Athéna,
déesse vierge de la sagesse; Héro est comparée à la fois aux deux
divinités, en raison de l'amour qu'elle inspire et de la réserve
dont elle témoigne.
2. Cf. *Od.*, 6, 157; expressions analogues dans l'ancien
Testament, *Deutéron.* VII, 13; XXXVIII, 4, et surtout *Évangile*
de *Luc*, XI, 27 : μακαρία ἡ κοιλία βαστάσασά σε.

« Κύπρι φίλη μετὰ Κύπριν, Ἀθηναίη μετ' Ἀθήνην, 135
οὐ γὰρ ἐπιχθονίῃσιν ἴσην καλέω σε γυναιξίν,
ἀλλά σε θυγατέρεσσι Διὸς Κρονίωνος ἐίσκω,
ὄλβιος, ὅς σε φύτευσε, καὶ ὀλβίη, ἣ τέκε μήτηρ,
γαστήρ, ἥ σε λόχευσε, μακαρτάτη. Ἀλλὰ λιτάων
ἡμετέρων ἐπάκουε, πόθου δ' οἴκτειρον ἀνάγκην. 140
Κύπριδος ὡς ἱέρεια, μετέρχεο Κύπριδος ἔργα.
Δεῦρ' ἴθι, μυστιπόλευε γαμήλια θεσμὰ θεαίνης·
παρθένον οὐκ ἐπέοικεν ὑποδρήσσειν Ἀφροδίτῃ·
παρθενικαῖς οὐ Κύπρις ἰαίνεται· ἢν δ' ἐθελήσῃς
θεσμὰ θεῆς ἐρόεντα καὶ ὄργια κεδνὰ δαῆναι, 145
ἔστι γάμος καὶ λέκτρα. Σὺ δ' εἰ φιλέεις Κυθέρειαν,
θελξινόων ἀγάπαζε μελίφρονα θεσμὸν ἐρώτων,
σὸν δ' ἱκέτην με κόμιζε καί, ἢν ἐθέλῃς, παρακοίτην
τόν σοι Ἔρως ἤγρευσεν ἑοῖς βελέεσσι κιχήσας,
ὡς θρασὺν Ἡρακλῆα θοὸς χρυσόρραπις Ἑρμῆς 150
θητεύειν ἐκόμισσεν Ἰαρδανίῃ ποτὲ νύμφῃ.
Σοὶ δέ με Κύπρις ἔπεμψε καὶ οὐ σοφὸς ἤγαγεν Ἑρμῆς.
Παρθένος οὔ σε λέληθεν ἀπ' Ἀρκαδίης Ἀταλάντη,
ἥ ποτε Μειλανίωνος ἐρασσαμένου φύγεν εὐνήν,
παρθενίης ἀλέγουσα· χολωσαμένης δ' Ἀφροδίτης, 155

135 om. B¹', add. B² in ima pag. ‖ 136 ἐπιχθονίῃσιν Κ² : -νίης
BHT -νίων NPV ‖ καλέω plerique : καλέσω B ‖ γυναιξίν plerique :
γυναικῶν VA ‖ 138 σε φύτευσε B : σ' ἐφύτευσε cett. ‖ 138-139
καὶ.... λόχευσε om. NP ‖ 139 σε λόχευσε BT : σ' ἐλόχευσε VEFH ‖
143 ὑποδρήσσειν V (cf. Ap. Rhod. Argon. 3, 274; Nonn. Dion.
48, 297) : ὑποδρήσειν plerique ἀποδράσειν NP ὑπαδρήσειν O (unde
ὑπαθρῆσαι fuisse in codd. quibusdam suspic. Ludwich, cl. βλέπειν
τὴν Ἀφροδ. schol. B) ‖ Ἀφροδίτῃ Κ : Ἀφροδίτην cett. Κυθερείη
coni. Ludwich (cf. 146) ‖ 145 ὄργια NPV (cf. Od. 1, 428) : ὄρχια
BT ‖ κεδνὰ NPV : πιστὰ BEH (cf. Il. 3, 73) ‖ 146 Κυθέρειαν
codd. : Ἀφροδίτην coni. Ludwich, melius, ut uidetur ‖ 151
ἐκόμισσεν Ε : ἐκόμισεν NPV ἐκόμιζεν Β ‖ Ἰαρδανίῃ T²G : Ἰορ-
NPV ἰαρδανίην ΕΗΤ¹ ἰορδ- B ποτὲ BNPVGT (cf. 154) : ποτὶ
ΕΗ (cf. 165) ‖ νύμφῃ (η) NPV : νύμφην ΒΕΗΤ ‖ 152 ἔπεμψε NP :
ἔπεμπε cett. ‖ 155 χολωσαμένης B : χωομένης NP χοωσαμένης V
χολωομένης coni. Patzig.

pas voulu, la Déesse le lui fit aimer de toute son âme.
Laisse-toi fléchir, toi aussi, ma bien-aimée, et garde-toi
d'éveiller le courroux d'Aphrodite ! »

Les paroles de Léandre persuadèrent le cœur de la
vierge rétive. Grâce à des mots qui font naître l'amour,
160 il égarait son âme. La jeune fille, muette, fixa la terre
du regard, tout en cachant à-demi son visage, rou-
gissant de confusion [1]; puis elle se mit à gratter le sol du
bout de son pied; confuse, elle remontait et ramenait
maintes fois sa tunique sur ses épaules. Tous ces gestes
ne sont que signes avant-coureurs de l'acquiescement et
le silence est promesse chez la vierge qui consent à se
donner [2]. Déjà Héro était touchée par l'aiguillon doux-
amer de l'amour; déjà son cœur virginal s'échauffait
d'un doux feu et s'était épris de la beauté de l'aimable
Léandre. Tant qu'elle tint son regard baissé vers la
170 terre, Léandre, de ses yeux fous d'amour, ne se lassa
pas de regarder le cou délicat de la jeune fille. Celle-ci
finit par faire entendre à Léandre sa douce voix,
tandis que se répandaient sur ses traits les roses
fluides de la pudeur :

« Étranger, tu serais capable, par tes paroles, de
toucher même une pierre ! Qui donc t'a enseigné les
mille détours des mots qui égarent? Las ! qui t'a
envoyé dans ma patrie? Tous tes propos sont inutiles.

1. Le regard fixé sur le sol traduit d'ordinaire, chez les amoureux, l'embarras et la confusion; cf. Médée et Jason, dans Apoll.
de Rhodes, *Argon.*, III, 1021-1022; c'est seulement au bout d'un
certain délai, ὀψέ. qu'ils reprennent possession d'eux-mêmes
(cf. *ib.*, v. 1024 et *H. et L.v.* 1725. Mêmes traits, pour ainsi dire
stéréotypés, dans Colluthus, *Rapt d'Hélène*, v. 305 : Hélène est
restée interdite, les yeux baissés, pendant le discours que lui
adresse Pâris pour la séduire : ἐπὶ χθονὶ πῆξεν ὀπωπήν, puis, ὀψέ,
elle lui répond, v. 307 : ὀψὲ δὲ θαμβήσασα τόσην ἀνενείκατο φωνήν.
2. Cf. Catulle, 62, 63 : *Quid tum si carpunt tacita quem mente
requirunt.*

τὸν πάρος οὐκ ἐπόθησεν, ἐνὶ κραδίῃ θέτο πάσῃ.
Πείθεο καὶ σύ, φίλη, μὴ Κύπριδι μῆνιν ἐγείρῃς.»
ʽΩς εἰπὼν παρέπεισεν ἀναινομένης φρένα κούρης,
θυμὸν ἐρωτοτόκοισι παραπλάγξας ἐνὶ μύθοις.

Παρθενικὴ δ' ἄφθογγος ἐπὶ χθόνα πῆξεν ὀπωπήν,   160
αἰδοῖ ἐρευθιόωσαν ὑποκλέπτουσα παρειήν,
καὶ χθονὸς ἔξεεν ἄκρον ὑπ' ἴχνεσιν, αἰδομένη δὲ
πολλάκις ἀμφ' ὤμοισιν ἑὸν συνέεργε χιτῶνα.
Πειθοῦς γὰρ τάδε πάντα προάγγελα, παρθενικῆς δὲ
πειθομένης ποτὶ λέκτρον ὑπόσχεσίς ἐστι σιωπή.   165
Ἤδη καὶ γλυκύπικρον ἐδέξατο κέντρον ἐρώτων,
θέρμετο δὲ κραδίην γλυκερῷ πυρὶ παρθένος ʽΗρώ,
κάλλεϊ δ' ἱμερόεντος ἀνεπτοίητο Λεάνδρου.
Ὄφρα μὲν οὖν ποτὶ γαῖαν ἔχεν νεύουσαν ὀπωπήν,
τόφρα δὲ καὶ Λείανδρος ἐρωμανέεσσι προσώποις   170
οὐ κάμεν εἰσορόων ἁπαλόχροον αὐχένα κούρης.
Ὀψὲ δὲ Λειάνδρῳ γλυκερὴν ἀνενείκατο φωνήν,
αἰδοῦς ὑγρὸν ἔρευθος ἀποστάζουσα προσώπου·
« Ξεῖνε, τεοῖς ἐπέεσσι τάχ' ἂν καὶ πέτρον ὀρίναις.
Τίς σε πολυπλανέων ἐπέων ἐδίδαξε κελεύθους;   175
οἴμοι, τίς σε κόμισσεν ἐμὴν ἐς πατρίδα γαῖαν;
Ταῦτα δὲ πάντα μάτην ἐφθέγξαο· πῶς γὰρ ἀλήτης

---

158 παρέπεισεν NP : ἀνέπ- BH ‖ ἀναινομένης EK : -μένην BNPV
‖ **159** παραπλάγξας plerique : παραπλάξας P(N non liquet) -πλάζων
coni. Dilthey (cf. 102) ‖ ἐνὶ codd. : ἔο coni. Köchly (cf. Nonn.
Dion. 8, 369) ‖ **161** ἐρευθιόωσαν Lobeck (cf. Ap. Rhod. *Argon.* 3,
298) : ἐρυθιόωσαν ΒΕΗ ἐρυθρόωσαν AVNP ‖ **162** ὑπ' BNP : ἐπ' EH ‖
166 καὶ BVAEH : δὲ καὶ NP δὲ coni. Köchly ‖ **170** δὲ om. NP ‖
προσώποις : ὀπωπαῖς coni. Ludwich (cf. Nonn. *Dion.* 15, 162)
ἐρωμανέοντι προσώπῳ fort. ‖ **172** ἀνενείκατο (cf. 121) B²A : ἀνενή-
χατο B¹ ἐνενή- NP ἀνεδείχατο V ‖ **173** ἀποστάζουσα plerique :
ὑποστ- NPVH ἐπαυγάζουσα coni. Ludwich (cf. Nonn. *Dion.* 9,
104) ‖ **174** ποτὲ post ἂν add. NP ‖ πέτρον EH : πέτραν cett. ‖
ὀρίναις B : -νης NPV ὀρύνοις F ὀρείνοις A ‖ **176** σε κόμισσεν B : σ'
ἐκόμισεν cett. ‖ ἐς codd. : εἰς coni. Köchly ‖ **177** δὲ plerique : γὰρ
NP ‖ γὰρ plerique : om. A ἄρ' F.

En effet, étranger vagabond et indigne de confiance
comme tu l'es, comment te serait-il possible de t'unir
d'amour avec moi aux yeux de tous? Nous ne pouvons
pas nous unir par des liens légitimes. Mes parents
180 n'ont pas donné leur consentement. Si tu veux bien
rester dans ma patrie comme un étranger coureur de
routes, tu ne peux pas, dans l'ombre, n'être qu'un
larron d'amour; car la langue des gens aime la
moquerie, et l'acte qu'on accomplit dans le secret, on
l'entend répéter dans les carrefours. Dis-moi donc,
sans les dissimuler, ton nom et ton pays. Ce qui me
concerne, tu ne l'ignores pas; j'ai un nom bien connu :
Héro. J'ai pour demeure une tour célèbre à la ronde et
aussi haute que le ciel. J'y habite avec une seule
servante, en avant de la ville de Sestos, sur les falaises
190 battues d'une houle profonde. Je n'ai que la mer pour
voisine[1], par la volonté de mes sévères parents. Il n'y
a pas près de moi de jeunes filles de mon âge; je n'ai
pas autour de moi de chœurs de jeunes gens. Sans
cesse, nuit et jour, ne gronde à mes oreilles que le
bruit de la mer soulevée par le vent. »

En disant ces mots, elle cachait sous son voile sa joue
rose; car de nouveau elle était confuse et se blâmait de
ce qu'elle avait dit.

Mais Léandre, blessé du dard aigu du désir, réflé-
chissait à la façon dont il disputerait le combat amoureux. Car l'ingénieux Amour, après avoir dompté un
homme par ses flèches, guérira aussi la blessure de
cet homme, et aux mortels sur qui il règne, lui, le
200 dompteur du monde, il sait aussi apporter le conseil.
C'est lui encore qui vint à cet instant au secours de
Léandre amoureux. Après un mouvement de désarroi,

1. Cf. *Introd.* p. xxiv.

ξεῖνος ἐὼν καὶ ἄπιστος, ἐμῇ φιλότητι μιγείης
ἀμφαδόν; Οὐ δυνάμεσθα γάμοις ὁσίοισι πελάσσαι·
οὐ γὰρ ἐμοῖς τοκέεσσιν ἐπεύαδεν· ἦν δ᾽ ἐθελήσῃς   180
ὡς ξεῖνος πολύφοιτος ἐμὴν ἐς πατρίδα μίμνειν,
οὐ δύνασαι σκοτόεσσαν ὑποκλέπτειν Ἀφροδίτην.
Γλῶσσα γὰρ ἀνθρώπων φιλοκέρτομος· ἐν δὲ σιωπῇ
ἔργον ὅπερ τελέει τις, ἐνὶ τριόδοισιν ἀκούει.
Εἰπὲ δέ, μὴ κρύψῃς, τεὸν οὔνομα καὶ σέο πάτρην.   185
Οὐ γὰρ ἐμόν σε λέληθεν, ἐμοὶ δ᾽ ὄνομα κλυτὸν Ἡρώ·
πύργος δ᾽ ἀμφιβόητος ἐμὸς δόμος οὐρανομήκης,
ᾧ ἔνι ναιετάουσα σὺν ἀμφιπόλῳ τινὶ μούνῃ
Σηστιάδος πρὸ πόληος ὑπὲρ βαθυκύμονας ὄχθας,
γείτονα πόντον ἔχω στυγεραῖς βουλῇσι τοκήων.   190
Οὐδέ μοι ἐγγὺς ἔασιν ὁμήλικες, οὐδὲ χορεῖαι
ἠιθέων παρέασιν· ἀεὶ δ᾽ ἀνὰ νύκτα καὶ ἠῶ
ἐξ ἁλὸς ἠνεμόφωνος ἐπιβρέμει οὔασιν ἠχή.»
Ὣς φαμένη ῥοδέην ὑπὸ φάρεϊ κρύπτε παρειήν,
ἔμπαλιν αἰδομένη, σφετέροις δ᾽ ἐπεμέμφετο μύθοις.   195
Λείανδρος δὲ πόθου βεβολημένος ὀξέι κέντρῳ
φράζετο πῶς κεν ἔρωτος ἀεθλεύσειεν ἀγῶνα.
Ἄνδρα γὰρ αἰολόμητις Ἔρως βελέεσσι δαμάσσας
καὶ πάλιν ἀνέρος ἕλκος ἀκέσσεται· οἷσι δ᾽ ἀνάσσει,
αὐτὸς ὁ πανδαμάτωρ βουληφόρος ἐστὶ βροτοῖσιν,   200
αὐτὸς καὶ ποθέοντι τότε χραίσμησε Λεάνδρῳ.

---

178 ἐμῇ plerique (cf. *H. hom. Aphr.*, 150) : ἐμοὶ F (cf. *Il.* 6,
165) ‖ **179** post ἀμφαδόν interrogationis signum posuit Vian : in
u. praec. fine edd. ceteri ‖ **181** πολύφοιτος plerique : πολύφευκτος
BT ‖ ἐς codd. : εἰς coni. Köchly ‖ **186** ἐμοὶ V (cf. *Od.* 19, 183) :
ἔχω BNPT ‖ **193** ἠνεμόφωνος VANP : ἠνεμόεντος BEHT ἠνεμόφοιτος
coni. Schwabe ‖ ἠχή (cf. 315; Nonn. *Dion.* 1, 231) : ἠχώ coni.
Dilthey (Cf. Nonn. *Dion.* 14, 31) ‖ **194** κρύπτε plerique : κλέπτε
KT (cf. 161) κεῦθε coni. Ludwich ‖ **196** βεβολημένος NPV :
βεβλημένος BA ‖ **198** γὰρ om. V ‖ αἰολόμητις quidam : αἰολομήτης B
αἰολόμητιν VANPU ‖ δαμάσσας plerique : δαμάζει BFH ‖ **199**
ἀκέσσεται plerique : ἀκέσσατο T ἀκείεται coni. Gräfe ‖ **200** πανδαμάτωρ plerique : πανδομάτωρ N.

le jeune homme finit par prononcer ces mots pleins de
ruse :

« Jeune fille, mon amour pour toi me fera franchir
même le flot de la houle sauvage, alors qu'elle bouillon-
nerait à force et que l'onde serait interdite aux navires.
Je ne crains pas les lames hostiles, si c'est pour par-
tager ta couche que je les traverse, et le grondement
sonore de la mer ne saurait m'effrayer. Chaque nuit,
me laissant porter par l'eau, moi, ton ruisselant époux,
je traverserai à la nage l'Hellespont et ses courants
impétueux[1], car j'habite près d'ici, en face de ton pays,
210 la ville forte d'Abydos. Tu n'as qu'à me montrer
une lampe, du sommet de la haute tour au bord de la
mer, à travers les ténèbres ; quand je l'apercevrai,
je deviendrai nacelle de l'esquif d'Amour, avec ta
lampe pour étoile ; j'aurai les yeux fixés sur elle, et
non sur le Bouvier plongeant tard sous la mer, sur
Orion le hardi, sur l'attelage jamais mouillé du Chariot[2] ;
et j'atteindrai sur l'autre rive le doux port de ta
patrie ! Seulement, ma bien-aimée, prends bien garde
que la violence du vent ne vienne éteindre — je
rendrais aussitôt l'âme — la lampe qui doit être le
guide lumineux de ma vie ! Et si tu veux savoir au
juste, toi aussi, quel est mon nom, eh bien ! le voici :
220 Léandre, le mari de Héro, la beauté couronnée[3]. »

Donc, ils convinrent de s'unir en des noces secrètes ;
ils se donnèrent leur parole de respecter la règle de

---

1. Sur les courants de l'Hellespont, *v. Introd.* p. VIII.
2. Inspiré de l'*Od.*, 5, 272 sqq.
3. εὐστέφανος est une épithète qualifiant d'ordinaire les déesses,
notamment Aphrodite (cf. *Od.*, 8, 267 ; *H. hom. à Aphr. I*,
6, 175, 287, etc.) ainsi que d'autres divinités comme Déméter
(*H. hom. à Dém.* 224 ; Hésiode, *Théog.* 196 ; *Trav.* 300) ou Artémis,
etc. L'adjectif assimile Héro à l'une des Immortelles.

'Οψὲ δ' ἀλαστήσας πολυμήχανον ἔννεπε μῦθον·

« Παρθένε, σὸν δι' ἔρωτα καὶ ἄγριον οἶδμα περήσω,

εἰ περιπαφλάζοιτο καὶ ἄπλοον ἔσσεται ὕδωρ·

οὐ τρομέω βαρὺ χεῦμα, τεὴν μετανεύμενος εὐνήν, 205

οὐ βρόμον ἠχήεντα περιπτώσσοιμι θαλάσσης.

'Αλλ' αἰεὶ κατὰ νύκτα φορεύμενος ὑγρὸς ἀκοίτης,

νήξομαι 'Ελλήσποντον ἀγάρροον· οὐχ ἕκαθεν γὰρ

ἀντία σεῖο πόληος ἔχω πτολίεθρον 'Αβύδου.

Μοῦνον ἐμοί τινα λύχνον ἀπ' ἠλιβάτου σεο πύργου 210

ἐκ περάτης ἀνάφαινε κατὰ κνέφας· ὄφρα νοήσας

ἔσσομαι ὁλκὰς "Ερωτος, ἔχων σέθεν ἀστέρα λύχνον

καί μιν ὀπιπεύων, οὐκ ὀψὲ δύοντα Βοώτην,

οὐ θρασὺν 'Ωρίωνα καὶ ἄβροχον ὁλκὸν 'Αμάξης,

πατρίδος ἀντιπόροιο ποτὶ γλυκὺν ὅρμον ἱκοίμην. 215

'Αλλά, φίλη, πεφύλαξο βαρυπνείοντας ἀήτας,

μή μιν ἀποσβέσσωσι, καὶ αὐτίκα θυμὸν ὀλέσσω,

λύχνον, ἐμοῦ βιότοιο φαεσφόρον ἡγεμονῆα.

Εἰ δ' ἐτεόν γ' ἐθέλεις ἐμὸν οὔνομα καὶ σὺ. δαῆναι,

οὔνομά μοι Λείανδρος, ἐυστεφάνου πόσις 'Ηροῦς.» 220

"Ως οἱ μὲν κρυφίοισι γάμοις συνέθεντο μιγῆναι,

καὶ νυχίην φιλότητα καὶ ἀγγελίην ὑμεναίων

λύχνου μαρτυρίησιν ἐπιστώσαντο φυλάσσειν,

---

203 οἶδμα plerique : κῦμα NP ‖ 204 περιπαφλάζοιτο Ludwich : πυρὶ παφλάζοιτο codd. (cf. 91) ‖ 205 χεῦμα plerique : χεῖμα NPV ‖ 206 post uersum lac. suspic. Dilthey ‖ 208 ἀγάρροον plerique : ἀγέρροχον U ‖ 210 τινα Lennep (cf. 24, 188) : ἕνα codd. (cum hiatu molesto) ‖ 213 ὀπιπεύων BV : ὀπιπτεύων NP² (uid. 101) ‖ ὀψὲ δύοντα Canter : ὄψομαι δύντα plerique βλέψω δύντα F ‖ 214 post uersum lac. suspic. Köchly ‖ 215 transp. post 211 Lennep Reiske ‖ ἀντιπόροιο codd. (cf. Nonn. Dion. 1, 203) : ἀντίπορόν χε Hermann ‖ 218 transp. post 212 Schwabe ‖ ἡγεμονῆα codd. : ἡνιοχῆα coni. Dilthey (cf. Nonn. Dion. 24, 267; 41, 130) ‖ 219 εἰ δ' ἐτεόν γ' Wakefield : εἰ ἐτεὸν δ' codd. ‖ 221 συνέθεντο plerique : ἔθελον BT ‖ 222 post uersum lac. suspic. Rzach ‖ 223 λύχνου plerique : λύχνον BF² ‖ φυλάσσειν T : φυλάττειν plerique φυλάσσαι ν φυλάξαι ΕΗ¹ φυλάξειν f.

leurs amours nocturnes et du message d'amour dont
témoignerait la lampe, elle, en élevant la lumière, lui,
en traversant les vastes houles de la mer. Et, après
avoir remis la fête nocturne de leurs veilles nuptiales,
ils se séparèrent à regret, par force, elle revenant à la
tour, tandis que lui, par peur de s'égarer dans la nuit
sombre, se guidait sur les signaux de la tour et rejoi-
230   gnait en barque la grande cité d'Abydos aux solides
fondements. Et dans leur vif désir des joutes clandestines de la nuit, maintes fois ils firent mille vœux pour
que revînt l'Ombre nuptiale [1].

Or voici qu'était accourue l'Obscurité nocturne en
robe bleue, apportant aux hommes le sommeil, mais
non à l'amoureux Léandre. Sur le rivage de la mer où
gronde le ressac, il attendait que parût le message
d'hymen et épiait le message d'amour dont témoignerait la lampe cause future de bien des larmes, annon-
ciatrice lointaine des unions clandestines. Lorsque Héro
vit le Jour faire place à l'ombre de la nuit bleue, elle
montrait la lampe et, dès que la lampe s'alluma,
240   Amour embrasa le cœur de l'impatient Léandre.
Quand la lampe brûlait, il brûlait comme elle. Au bord
de la mer, en entendant l'assourdissant grondement
du ressac en furie, il trembla tout d'abord; mais
ensuite il retrouva son audace et se parla ainsi pour
exhorter son âme :

« Cruel est Amour, et les flots aussi sont implacables ;

---

1. On retrouve dans le fragment très mutilé de poème
hellénistique que nous a conservé le *Papyrus Ryland* 486
(1er siècle ap. J.-C.) les deux thèmes du souhait et de l'attente, sans
qu'on puisse toutefois les attribuer de façon sûre, à Héro ou à
Léandre. Voir ce texte aux *Notes complémentaires*, p. 18.

ἥ μὲν φῶς τανύειν, ὃ δὲ κύματα μακρὰ περῆσαι·
παννυχίδας δ' ἀνέσαντες ἀκοιμήτων ὑμεναίων,   225
ἀλλήλων ἀέκοντες ἐνοσφίσθησαν ἀνάγκῃ,
ἣ μὲν ἑὸν ποτὶ πύργον, ὃ δ' ὀρφναίην ἀνὰ νύκτα
μή τι παραπλάζοιτο, λαβὼν σημήια πύργου,
πλῶε βαθυκρήπιδος ἐπ' εὐρέα δῆμον Ἀβύδου.
Παννυχίων δ' δάρων κρυφίους ποθέοντες ἀέθλους   230
πολλάκις ἡρήσαντο μολεῖν θαλαμηπόλον Ὄρφνην.
Ἤδη κυανόπεπλος ἀνέδραμε νυκτὸς Ὀμίχλη,
ἀνδράσιν ὕπνον ἄγουσα καὶ οὐ ποθέοντι Λεάνδρῳ·
ἀλλὰ πολυφλοίσβοιο παρ' ἠιόνεσσι θαλάσσης
ἀγγελίην ἀνέμιμνε φαεινομένην ὑμεναίων,   235
μαρτυρίην λύχνοιο πολυκλαύστοιο δοκεύων,
εὐνῆς δὲ κρυφίης τηλέσκοπον ἀγγελιώτην.
Ὡς δ' ἴδε κυανέης λιποφεγγέα νυκτὸς Ὀμίχλην,
Ἡρὼ λύχνον ἔφαινεν· ἀναπτομένοιο δὲ λύχνου,
θυμὸν Ἔρως ἔφλεξεν ἐπειγομένοιο Λεάνδρου·   240
λύχνῳ καιομένῳ συνεκαίετο· πὰρ δὲ θαλάσσῃ
μαινομένων ῥοθίων πολυηχέα βόμβον ἀκούων
ἔτρεμε μὲν τὸ πρῶτον, ἔπειτα δὲ θάρσος ἀείρας
τοίοισιν προσέλεκτο παρηγορέων φρένα μύθοις·
« Δεινὸς Ἔρως, καὶ πόντος ἀμείλιχος· ἀλλὰ θαλάσσης 245

---

224 del. Bernhardy ‖ φῶς Pareus : φάος codd. (cf. Christodoros *Anth. pal.* 7, 698, 3) ‖ **225-229** del. Heyne; transp. post 280 Rzach ‖ **225** ἀνέσαντες BF²H¹ : ἀνύσαντες cett. ὀμόσαντες coni. Schwabe ἀναθέντες coni. Rohde ‖ **228** transp. post 254 Rohde, del. Schwabe ‖ λαβὼν Z : λαθὼν AV βαλὼν BNPEHK² ‖ πύργου plerique : πύργῳ B ἔργα AF ‖ **229** δῆμον plerique : πορθμὸν NP ‖ **230-231** transp. post 287 Rzach ‖ **230** παννυχίων BNP : -ίην EVA -ίη FT ‖ **235** φαεινομένην Castiglioni : -μένων codd. ‖ **236** πολυκλαύστοιο plerique (cf. Pap. Oxyrh. 2452 Soph. *Polyidos*, fragm. 56) : πολυκλαύτοιο ET ‖ **237** δὲ plerique : τε VEH γε U ‖ τηλέσκοπον Schwabe : τηλεσκόπον codd. ‖ **241** post λύχνῳ habent δὲ BNPHT ‖ θαλάσσῃ NP : θαλάσσης BAEH ‖ **243** τὸ om. ANP ‖ ἀείρας codd. : ἀγείρας coni. Graefe ‖ **244** τοίοισιν Hilberg : τοίοισι codd. τοίοις οἱ coni. Ludwich ‖ **245** desinunt complures : habent AXQ uersum a nescio quo pactum : τοιάδ' ἐρωμανέεσσιν ἄεθλ' ἀπόκειτ' αἰζηοῖς.

la mer, ce n'est qu'un détroit, tandis que l'amour, c'est
du feu qui me brûle jusqu'au fond de la poitrine. Ô mon
cœur, c'est ce feu qu'il te faut craindre, et non redouter
les flots de cette eau ! Allons vers l'amour; pourquoi te
tourmenter de la clameur des vagues? Ne sais-tu pas
250 que Cypris est fille de la mer [1], qu'elle règne sur le large
et aussi sur nos douleurs ? »

Sur ces mots, à deux mains, il dépouille de son
manteau son corps charmant, il l'attache sur sa tête, il
s'élance de la grève et se jette à la mer. Il se hâte
toujours droit sur la lampe qui brille; il est à lui seul
rameur, convoyeur, vaisseau en mouvement.

Quant à Héro, son flambeau à la main, en haut de la
tour, elle abritait souvent la lampe de son voile, du
côté où le vent soufflait ses faibles haleines, jusqu'au
moment où, après bien des fatigues, Léandre eut mis
le pied sur le rivage de Sestos, accueillant aux vais-
260 seaux [2]; puis, elle le fit monter vers la tour. Dès la porte,
elle entoura de ses bras, sans mot dire, son amant
essoufflé qui dégouttait encore des éclaboussures de la
mer et dont les cheveux ruisselaient d'écume; puis
elle le conduisit tout au fond de sa chambre de vierge
et d'épousée, essuya son corps entier, frotta sa peau
d'une huile parfumée, d'une huile de rose, et fit dis-
paraître l'odeur de la mer; puis, enlaçant sur sa couche

---

1. D'après Hésiode, *Théog.*, 188 sqq., Aphrodite est née de
l'écume sortant de la virilité d'Ouranos tranchée par « la serpe
aux dents aiguës » de Cronos, son fils, et jetée dans la mer. En
tant que telle, Cypris peut être dite « fille de la mer ».
On l'invoque ainsi, souvent, sous les noms d'*Euploia* ou de
Pélagia, quand on s'apprête à effectuer une traversée ou qu'on
en revient sain et sauf.
2. Sur l'escale très fréquentée de Sestos, cf. p. 1, n. 3.

στεινὸν ὕδωρ, τὸ δ᾽ Ἔρωτος ἐμὲ φλέγει ἐνδόμυχον πῦρ.

Ἄζεο πῦρ, κραδίη, μὴ δείδιθι νήχυτον ὕδωρ.

Δεῦρό μοι εἰς φιλότητα· τί δὴ ῥοθίων ἀλεγίζεις;

Ἀγνώσσεις ὅτι Κύπρις ἀπόσπορός ἐστι θαλάσσης,

καὶ κρατέει πόντοιο καὶ ἡμετέρων ὀδυνάων;»   250

Ὡς εἰπὼν μελέων ἐρατῶν ἀπεδύσατο πέπλα

ἀμφοτέραις παλάμῃσιν, ἑῷ δ᾽ ἔσφιγξε καρήνῳ,

ἠιόνος δ᾽ ἐξῶρτο, δέμας δ᾽ ἔρριψε θαλάσσῃ.

Λαμπομένου δ᾽ ἔσπευδεν ἀεὶ κατεναντία λύχνου,

αὐτὸς ἐὼν ἐρέτης, αὐτόστολος, αὐτόματος νηῦς.   255

Ἡρὼ δ᾽ ἠλιβάτοιο φαεσφόρος ὑψόθι πύργου,

λεπταλέαις αὔρῃσιν ὅθεν πνεύσειεν ἀήτης,

φάρει πολλάκι λύχνον ἐπέσκεπεν, εἰσόκε Σηστοῦ

πολλὰ καμὼν Λείανδρος ἔβη ποτὶ ναύλοχον ἀκτήν.

Καί μιν ἑὸν ποτὶ πύργον ἀνήγαγεν· ἐκ δὲ θυράων   260

νυμφίον ἀσθμαίνοντα περιπτύξασα σιωπῇ,

ἀφροκόμους ῥαθάμιγγας ἔτι στάζοντα θαλάσσης,

ἤγαγε νυμφοκόμοιο μυχοὺς ἔπι παρθενεῶνος,

καὶ χρόα πάντα κάθηρε, δέμας δ᾽ ἔχρισεν ἐλαίῳ

εὐόδμῳ ῥοδέῳ, καὶ ἁλίπνοον ἔσβεσεν ὀδμήν.   265

Εἰσέτι δ᾽ ἀσθμαίνοντα βαθυστρώτοις ἐνὶ λέκτροις

246 στεινὸν ὕδωρ Ludwich (cf. Nonn. *Dion.* 4, 114; Ov. *Hér.* 17, 174 breui aqua; 18, 142 breuis unda; Strabo 13, 583; *Argon. Orph.* 485) : ἐστὶν ὕδωρ codd. ἐκτὸς ὕδωρ coni. Rondelli ‖ 247 ἄζεο Gräfe : λάζεο codd. ‖ 251 πέπλα plerique : πέπλον EH ‖ 252 ἀμφοτέραις plerique : ἀμφοτέρῃς PN ‖ 255 αὐτόματος codd. : αὐτομάτη coni. Dilthey (cf. Nonn. *Eu. Joh.* Z 83; *Anth. pal.* 7, 637, 4) ‖ νηῦς plerique : ναῦς NP ‖ 256 φαεσφόρος plerique : φαεσφόροις NP ‖ 257 λεπταλέαις Köchly : λεπταλέης BVE²F -ληις P-λίοις N λευγαλέης E¹H ‖ αὔρῃσιν plerique : αὔραισιν NP ‖ 258 ἐπέσκεπεν plerique : ἔσκεπεν NP ‖ 263 παρθενεῶνος *f* : -νιῶνος multi -νίωνος T -νῶνος NP² -νεῶνας U -νῶνας V ‖ 264 ἔχρισεν Pareus (cf. *Od.* 3, 466) : ἔχριεν codd. ‖ 266 βαθυστρώτοις ἐνὶ (ἐπὶ F) λέκτροις codd. : βαθυστρώτων ἐπὶ λέκτρων coni. Dilthey (cf. Nonn. *Dion.* 15, 111; uide tamen 283).

aux épaisses couvertures, son amant encore essoufflé,
elle lui dit ces tendres mots :

« Ô mon jeune époux qui t'es donné tant de peine,
une peine que ne s'est jamais donnée aucun autre
amant ; ô mon jeune époux qui t'es donné tant de
peine, oublie l'âcreté de la mer, oublie l'odeur de
270 poisson de la mer grondante. Viens ici ; contre mon
sein, efface tes fatigues. »

Elle eut tôt fait de le convaincre, et lui, aussitôt,
de dénouer la ceinture de son amie et tous deux
accomplirent la loi de la bonne Cythérée. C'était un
mariage, mais sans chœurs de danse ; c'était une
union, mais sans chants d'hyménée. Il n'y eut personne
pour invoquer en chantant l'Hèra conjugale [1] ; point de
lueurs de torches pour éclairer la couche nuptiale ;
personne pour danser une ronde bondissante ; point
de père, non plus que de mère vénérable, pour en-
tonner le chant d'hymen [2]. Après avoir disposé la couche
aux heures où se consomme le mariage, le Silence
280 avait assemblé le lit nuptial et l'Obscurité paré la jeune
épousée. C'était un mariage, mais sans chant d'hyménée [3].
La Nuit présidait à leur union, et jamais le Jour ne vit
le jeune Léandre dans un lit trop bien connu ; il nageait
de nouveau vers la cité d'Abydos, en face, toujours
inassouvi et respirant encore ses hyménées nocturnes [4].

1. C'est le seul endroit de l'*épyllion* où est nommée la déesse
qui protège le mariage. Elle porte d'ordinaire, dans ce cas, le
surnom de τελεία ; cf. Eschyle, *Eumén.*, 214 ; Aristophane, *Thes-
moph.* 973.

2. Musée ne cite que les cérémonies qui, dans le mariage grec,
s'accomplissaient devant la maison ou autour de la chambre des
époux, parce qu'il s'agit, dans son poème, d'une union célébrée en
dehors des règles traditionnelles ; il ne mentionne donc pas, et
pour cause, les rites nuptiaux de la veille : bain rituel ou *loutro-
phorie*, toilette de la mariée, actes de magie destinés à influencer
favorablement les sentiments du fiancé (cf. Théocr., *Id.* II, 17).

νυμφίον ἀμφιχυθεῖσα, φιλήνορας ἴαχε μύθους·
« Νυμφίε, πολλὰ μογήσας, ἃ μὴ πάθε νυμφίος ἄλλος,
νυμφίε, πολλὰ μογήσας, ἅλις νύ τοι ἁλμυρὸν ὕδωρ,
ὀδμή δ᾽ ἰχθυόεσσα βαρυγδούποιο θαλάσσης·   270
δεῦρο, τεοὺς ἱδρῶτας ἐμοῖς ἐνικάτθεο κόλποις. »
Ὣς ἥ μὲν παρέπεισεν· ὁ δ᾽ αὐτίκα λύσατο μίτρην
καὶ θεσμῶν ἐπέβησαν ἀριστονόου Κυθερείης.
Ἦν γάμος, ἀλλ᾽ ἀχόρευτος· ἔην λέχος, ἀλλ᾽ ἄτερ ὕμνων·
οὐ ζυγίην Ἥρην τις ἐπευφήμησεν ἀείδων·   275
οὐ δαίδων ἤστραψε σέλας θαλαμηπόλον εὐνήν,
οὐδὲ πολυσκάρθμῳ τις ἐπεσκίρτησε χορείῃ,
οὐχ ὑμέναιον ἄειδε πατὴρ καὶ πότνια μήτηρ·
ἀλλὰ λέχος στορέσασα τελεσσιγάμοισιν ἐν ὥραις
Σιγὴ παστὸν ἔπηξεν, ἐνυμφοκόμησε δ᾽ Ὀμίχλη.   280
Καὶ γάμος ἦν ἀπάνευθεν ἀειδομένων ὑμεναίων.

Νὺξ μὲν ἔην κείνοισι γαμοστόλος, οὐδέ ποτ᾽ Ἠὼς
νυμφίον εἶδε Λέανδρον ἀριγνώτοις ἐνὶ λέκτροις·
νήχετο δ᾽ ἀντιπόροιο πάλιν ποτὶ δῆμον Ἀβύδου

---

267 φιλήνορας codd.: φιλήτορας coni. Dilthey ‖ ἴαχε plerique :
ἴσε Ε¹ (ἴσσε corr. Ε²) ἴσχε Η¹ ἴσκετο Η² ἴσχεε Η³ ἔσχετο Τ ἔννεπε
Ε³ ‖ 268 ἄ plerique : om. Ν¹ Ρ τὰ VN² ‖ 270 del. Kloucek ‖
271 ἐνικάτθεο plerique : περικάτθεο ΒΝΗ περικατάθεο F παρακατα-
V ‖ 272 παρέπεισεν Ludwich (cf. 158) : ταῦτ᾽ εἶπεν (ταῦθ᾽ εἶπεν Β)
plerique τοιαῦτ᾽ ἔειπεν ΝΡ τάδε εἶπεν V τάδ᾽ ἔειπεν coni. Wernicke
προσέειπεν coni. Schwabe ‖ 273 θεσμῶν plerique : θεσμὸν Ν ‖
ἀριστονόου codd. (cf. 98 et Nonn. Eu. Joh. Τ 183) : ἀρεσσινόου
coni. Dilthey ἀερσινόου coni. Lehrs ἀκεσσινόου coni. Schwabe
ἀπιστονόου coni. Rohde ἀριστοπόνου coni. Ludwich (cf. Anth. pat.
9, 466, 2) ‖ 275 ἀείδων plerique (cf. 48 χορεύων) : ἀοιδός Ε ‖ 276
ἤστραψε V (cf. Nonn. Dion. 22,150) : ἔστραπτε ΒΝPF ἤστραπτε
anon. ‖ εὐνήν plerique : εὐνή Τ εὐνῇ coni. Gräfe ‖ 277 ἐπεσκίρτησε
quidam : ἐπεσκήρτησε Β ἐπεφήμησε Ν ἐπευφήμησε Pf ἐπεκτύπησε V ‖278
ἄειδε plerique : ἄεισε ΕΗ ‖ 281 del. Heinrich, Dilthey, Passow,
Rzach (cf. 274, 278) ‖ 282-284 del. Rzach ‖ 282-285 om. VUE¹
add. Ε² ‖ 283 ἀριγνώτοις plerique : -γνώστοις ΒΝPF ἀνηνύστοις coni.
Ludwich (cf. Nonn. Dion. 48, 469) ἐνστρώτων coni. Dilthey ἀθηῄτων
coni. Schwabe ‖ ἐνὶ λέκτροις codd.: ἐπὶ λέκτρων coni. Dilthey.

5

Héro à la longue robe était, à l'insu de ses parents,
vierge le jour, mais femme la nuit [1]. Et tous deux, souvent, conjurèrent le Jour de se coucher plus tôt.

Ainsi, les deux amants, dissimulant la fatalité de
290 leur amour, jouissaient ensemble d'une Cythérée
clandestine. Toutefois, ils vécurent peu de temps et
ne profitèrent que peu, ensemble, de leurs veilles
nuptiales toutes en allées et venues. Mais lorsque arriva
la saison de l'hiver glacé qui fait rouler en tourbillons les
tempêtes effrayantes, lorsque les ouragans d'hiver bous-
culèrent de leur souffle les abîmes mouvants et les assises
humides de la mer [2], en en fouettant de leur trombe
la surface entière, et que les matelots, tirant sur les
deux continents leur noir vaisseau déjà battu des flots,
cherchaient à éviter la tempête et la mer perfide, toi,
300 la peur de la mer en tempête ne te retint pas, courageux
Léandre. Le signal de la tour, faisant apparaître la
lumière habituelle de vos hymens, te poussait à mépri-
ser la mer en démence : signal sans pitié, plein de
perfidie. Elle aurait dû, la malheureuse Héro, dès que

1. Expression condensée, antithèse célèbre; peut être inspirée
par [Théocr.], XXVII (*l'Oaristys*), v. 65.
2. Musée emprunte les détails de sa description de la tempête
tantôt à l'*Odyssée* (cf. *Od.* 5, 291-294 et *H. et L.* 314), tantôt
même à l'*Énéide* de Virgile (cf. *Énéide*, I. 84 et *H. et L.* 311;
Én. I, 106-107 et *H. et L.* 295, etc.). Si les descriptions de
tempêtes dans l'*Odyssée* semblent plus fidèles et si Virgile utilise
avec adresse son modèle grec, Musée s'inspire probablement de
ses deux devanciers. Les quatre vents énumérés dans la suite du
passage correspondent à peu près aux quatre points cardinaux :
le vent du Nord, le Borée, est sec et froid; le Notos, vent du
Sud, annonce la pluie; l'Euros est en Grèce, un vent tiède du
Sud-Est, le Zéphyros, un vent violent d'Ouest. Dans l'*Odyssée*,
5, 331-332, ils sont opposés deux par deux comme chez
Musée; celui-ci se contente d'invertir l'ordre des vers où ils
s'affrontent.

ἐννυχίων ἀκόρητος ἔτι πνείων ὑμεναίων. 285
Ἡρὼ δ᾽ ἑλκεσίπεπλος ἑοὺς λήθουσα τοκῆας,
παρθένος ἠματίη, νυχίη γυνή. Ἀμφότεροι δὲ
πολλάκις ἠρήσαντο κατελθέμεν ἐς δύσιν Ἠῶ.
Ὣς οἱ μὲν φιλότητος ὑποκλέπτοντες ἀνάγκην
κρυπταδίη τέρποντο μετ᾽ ἀλλήλων Κυθερείῃ. 290
Ἀλλ᾽ ὀλίγον ζώεσκον ἐπὶ χρόνον, οὐδ᾽ ἐπὶ δηρὸν
ἀγρύπνων ἀπόναντο πολυπλάγκτων ὑμεναίων.
Ἀλλ᾽ ὅτε παχνήεντος ἐπήλυθε χείματος ὥρη
φρικαλέας δονέουσα πολυστροφάλιγγας ἀέλλας,
βένθεα δ᾽ ἀστήρικτα καὶ ὑγρὰ θέμεθλα θαλάσσης 295
χειμέριοι πνείοντες ἀεὶ στυφέλιζον ἀῆται
λαίλαπι μαστίζοντες ὅλην ἅλα, τυπτομένην δὲ
ἤδη νῆα μέλαιναν ἐφέλκυσε διχθάδι χέρσῳ
χειμερίην καὶ ἄπιστον ἀλυσκάζων ἅλα ναύτης.
ἀλλ᾽ οὐ χειμερίης σε φόβος κατέρυκε θαλάσσης, 300
καρτερόθυμε Λέανδρε· διακτορίη δέ σε πύργου,
ἠθάδα σημαίνουσα φαεσφορίην ὑμεναίων,
μαινομένης ὤτρυνεν ἀφειδήσαντα θαλάσσης,
νηλειὴς καὶ ἄπιστος. Ὄφελλε δὲ δύσμορος Ἡρὼ

285 ἐννυχίων codd.: παννυχίων coni. Dilthey (cf. 230) ‖ 288
ἠρήσαντο plerique : ἠρώσαντο Ν ‖ κατελθέμεν ΕΗΚ²Τ : μεθελκέμεν
V καθελκέμεν cett. ‖ 291 ἐπὶ (anter. loco) om. Ν¹Ρ ‖ οὐδ᾽ ἐπὶ
plerique : οὐδ᾽ ἔτι Ε οὐδέ τι ν ‖ 292 ἀγρύπνων plerique (cf. 12,
225 ubi ἀκοιμήτων) : ἀλλήλων Ε (cf. 343) ‖ 293 ἀλλ᾽ ὅτε codd.:
κσὶ τότε coni. Schwabe ‖ 294 δονέουσα codd.: κλονέουσα coni.
Gräfe ‖ 295 καὶ ὑγρὰ θέμεθλα codd.: θεμείλιά θ᾽ ὑγρὰ coni.
Passow ‖ 296 χειμέριοι plerique : χειμέρειοι Η χειμερίον Τ χει-
μέριον coni. d'Orville ‖ 297 post uersum lac. suspic. Köchly,
fortasse merito ‖ τυπτομένην d'Orville: -νη V -νης cett. ‖ 298
ἐφέλκυσε Arnaud: ἐπέκλυσεν Β ἐπέκλυσε PVF ἀπέκλυσε ΝΕΗΤ
ἀπέκλασε ν ἐφείλκυσε coni. Dilthey (cf. 118) ἐπήλασε coni. Gräfe
‖ διχθάδι codd.: διψάδι coni. Schwabe ἠθάδι coni. Lennep (cf. 302)
299 ἄπιστον (cf. 178, 304, 329) : ἄπυστον BNPF ‖ 300 χειμερίης
plerique : χειμερίη BF -μέριος U ‖ 301 πύργου plerique : λύχνου
ΝΡV ‖ 302 φαεσφορίην plerique (cf. 218, 256) : φαεσφόρον Τ ‖
303 μαινομένης plerique : -μένη ΝΡ -μένην Η.

l'hiver s'établit, demeurer sevrée de Léandre et ne plus
allumer l'éphémère étoile de votre hymen. Mais désir et
destin l'y forcèrent ; ensorcelée, elle montrait le fanal
des destinées et non plus le flambeau des amours.

C'était la nuit ; c'était l'heure où les vents, soufflant
310 avec le plus de violence, les vents, dardant leurs ouragans avec des souffles de tempête, s'abattent tous à la
fois sur le rivage de la mer. Juste à ce moment, Léandre,
dans l'espoir de rejoindre l'épouse accoutumée, se
laissait porter sur le dos au grondement sinistre de la
mer. La houle roulait sur la houle ; l'eau était boule-
versée ; mer et ciel étaient confondus ; de tous côtés
montait le bruit des vents courant à la bataille.
L'Euros opposait son souffle au Zéphyre, le Notos
lançait de puissantes menaces contre le Borée, et
c'était le bruit sans fin de la mer à l'épouvantable
fracas. Le malheureux Léandre, au milieu des tour-
320 billons inexorables, implorait souvent Aphrodite
marine, souvent aussi Poseidon en personne, le Sou-
verain de la mer ; il ne négligea pas non plus Borée,
oublieux de son épouse athénienne [1]. Mais aucun d'entre
eux ne vint à son secours et l'Amour fut impuissant
contre les Destinées [2]. Frappé par la fureur irrésistible
des flots de toutes parts amoncelés, il était emporté ;

---

1. Il s'agit d'Orithyie, fille du roi mythique d'Athènes Érech-
thée, enlevée par le dieu du vent du Nord, Borée, alors qu'elle
jouait avec ses compagnes sur les bords de l'Ilissos (cf. Platon,
Phèdre, 229 b sqq. ; Apoll. Rh., *Argon.*, I, 212 sqq) ou, suivant
une autre version, au cours d'une procession qui montait à
l'Acropole. Quoi qu'il en soit, le dieu l'emmena en Thrace, où
elle lui donna deux fils, Calaïs et Zétès, dieux de la tempête
(cf. Apoll. Rh. *ib.*, Apollodore III, 15, 2).

2. Les Moires, personnification des Destinées (cf. Hésiode,
Théog. 217), étaient, comme les Parques latines, au nombre de
trois ; elles présidaient à l'heur et au malheur des hommes. Les
dieux mêmes ne pouvaient s'opposer à leurs volontés.

χείματος ἱσταμένοιο μένειν ἀπάνευθε Λεάνδρου, 305
μηκέτ' ἀναπτομένη μινυώριον ἀστέρα λέκτρων.
'Αλλὰ πόθος καὶ μοῖρα βιήσατο· θελγομένη δὲ
Μοιράων ἀνέφαινε καὶ οὐκέτι δαλὸν Ἐρώτων.
Νὺξ ἦν, εὖτε μάλιστα βαρυπνείοντες ἀῆται
χειμερίαις πνοιῆσιν ἀκοντίζοντες ἀέλλας 310
ἀθρόον ἐμπίπτουσιν ἐπὶ ῥηγμῖνι θαλάσσης.
Δὴ τότε δὴ Λείανδρος ἐθήμονος ἐλπίδι νύμφης
δυσκελάδων πεφόρητο θαλασσαίων ἐπὶ νώτων.
Ἤδη κύματι κῦμα κυλίνδετο, σύγχυτο δ' ὕδωρ,
αἰθέρι μίσγετο πόντος· ἀνέγρετο πάντοθεν ἠχὴ 315
μαρναμένων ἀνέμων· Ζεφύρῳ δ' ἀντέπνεεν Εὖρος
καὶ Νότος ἐς Βορέην μεγάλας ἐφέηκεν ἀπειλάς·
καὶ κτύπος ἦν ἀλίαστος ἐρισμαράγοιο θαλάσσης.
Αἰνοπαθὴς δὲ Λέανδρος ἀκηλήτοις ἐνὶ δίναις
πολλάκι μὲν λιτάνευε θαλασσαίην 'Αφροδίτην, 320
πολλάκι δ' αὐτὸν ἄνακτα Ποσειδάωνα θαλάσσης·
'Ατθίδος οὐ Βορέην ἀμνήμονα κάλλιπε νύμφης·
ἀλλά οἱ οὔτις ἄρηγεν, Ἔρως δ' οὐκ ἤρκεσε Μοίρας.
Πάντοθι δ' ἀγρομένοιο δυσάντεϊ κύματος ὀργῇ
τυπτόμενος πεφόρητο, ποδῶν δέ οἱ ὤκλασεν ὁρμή, 325

310 χειμερίαις (-ρίης) πνοιῆσιν codd.: χειμερίοις ῥοθίοισιν coni.
Dilthey χειμερίας ναύτησιν coni. Gräfe χειμερίας πνοιῆσιν coni.
Castiglioni ‖ ἀκοντίζοντες plerique: -τας BNPFH ‖ ἀέλλας V
(ut uidet.) et coni. Dilthey Castiglioni (cf. Nonn. Dion. 32,
153): ἀήτας BNPFH ἀῆται E² ἀέλαις E¹ ἰωὰς T (cf. Il. 11, 308)
ἰωκὰς coni. Ludwich (cf. Il. 5, 521) ἀπειλάς coni. Gräfe ‖ 312
δὴ τότε δὴ M. L. West: δὴ τότε καὶ V δὴ τότε BNPE ‖ 315 ἠχὴ
codd.: ἠχὼ coni. Dilthey ‖ 317 ἐφέηκεν plerique: ἀφέηκεν NV ‖
319-320 om. N¹ qui 321 post 328 ponit ‖ 320 λιτάνευε plerique:
λιτάνευσε BE ‖ 321 post uersum lac. suspic. Schwabe ‖ 323
ἀλλά οἱ EH²: ἀλλ' BNPVFH¹ ἀλλὰ T ‖ 324 πάντοθι δ' plerique:
πάντοθεν V (cf. 315) πάντοθεν δ' NP ‖ ὀργῇ Gräfe: ὅρμα U
ὁρμῇ cett. ὁλκῷ coni. Ludwich ‖ 325 omis. NPVU ‖ ὁρμή (-ῇ)
codd.: ἄρμη coni. d'Orville ἀκμή coni. Teucher ῥώμη uel ἀλκή
coni. Gräfe.

l'élan de ses pieds faiblit ; ses bras vigoureux, privés de
repos, ne lui servaient de rien. Dans sa gorge, sans qu'il
pût s'y opposer, coulait une profusion d'eau et il
buvait un funeste breuvage d'irrésistible saumure.

330 Et voilà qu'un vent cruel souffla la lampe traîtresse[1],
en même temps que la vie et l'amour de l'infortuné
Léandre. ⟨ Héro ⟩ ... chargea d'invectives l'ouragan
sauvage [2]. Désormais en effet, elle avait pressenti la
mort de son époux, parce qu'il tardait, — elle restait là,
debout, les yeux vigilants, agitée d'inquiétudes mêlées
de bien des larmes. L'Aurore arriva ; Héro n'aperçut
pas son jeune époux ; de tout côté, elle tendait son regard
sur le vaste dos de la mer, pour voir si, d'aventure, elle
n'apercevrait pas son compagnon errant, car la lampe
s'était éteinte. Lorsque, près du soubassement de la
tour, elle distingua, brisé par les écueils, le cadavre

340 de son amant, elle déchira autour de sa poitrine sa
tunique brodée ; puis, en sifflant, son corps s'abattit,
la tête la première, du sommet de la tour. C'est ainsi
que périt Héro en même temps que son époux mou-
rant. Et ils jouirent l'un de l'autre, éternellement,
jusque dans l'abîme de la mort.

---

1. Sur le rôle de la lampe dans l'histoire de Héro et Léandre
(cf. v. 1, 5, 8, 15, 25, 223, 239-241, 254, 301-303, 329, 338), voir
Wifstrand, o.c., p. 197 : *Die Lampe ist Herrscher über Leben und
Tod des Leander*.
2. Le passage, comme il arrive souvent, a été gravement altéré,
dans les dernières lignes, par l'inattention du copiste ; les vers
331-332 manquent dans tous les manuscrits, sauf quatre ;
certains éditeurs les ont purement et simplement rejetés ; il
semble cependant qu'ils soient authentiques, comme le prouvent
deux textes d'Ovide, *Héroïdes*, 18, 211 et 19, 22, où il est question d'injures (*conuicia*) adressées à la mer démontée, d'abord
par Léandre, ce qui est ici invraisemblable (cf. v. 328-329),
puis par Héro, qui déclare ensuite, v. 332-333, avoir pressenti
le destin fatal de son époux.

καὶ σθένος ἦν ἀνόνητον ἀκοιμήτων παλαμάων.

Πολλὴ δ' αὐτόματος χύσις ὕδατος ἔρρεε λαιμῷ,

καὶ ποτὸν ἀχρήιστον ἀμαιμακέτου πίεν ἄλμης·

καὶ δὴ λύχνον ἄπιστον ἀπέσβεσε πικρὸς ἀήτης,

καὶ ψυχὴν καὶ ἔρωτα πολυτλήτοιο Λεάνδρου.   330

⟨Ἡρώ⟩...............

νείκεσε δ' ἀγριόθυμον ἐπεσβολίῃσιν ἀήτην· ἤδη

γὰρ φθιμένοιο μόρον θέσπισσεν ἀκοίτου

εἰσέτι δηθύνοντος· ἐπ' ἀγρύπνοισιν ὀπωπαῖς

ἵστατο κυμαίνουσα πολυκλαύστοισι μερίμναις.

Ἤλυθε δ' Ἡριγένεια, καὶ οὐκ ἴδε νυμφίον Ἡρώ.   335

Πάντοθι δ' ὄμμα τίταινεν ἐπ' εὐρέα νῶτα θαλάσσης,

εἴ που ἐσαθρήσειεν ἀλωόμενον παρακοίτην

λύχνου σβεννυμένοιο. Παρὰ κρηπῖδα δὲ πύργου

δρυπτόμενον σπιλάδεσσιν ὅτ' ἔδρακε νεκρὸν ἀκοίτην,

δαιδαλέον ῥήξασα περὶ στήθεσσι χιτῶνα,   340

ῥοιζηδὸν προκάρηνος ἀπ' ἠλιβάτου πέσε πύργου.

Κὰδδ' Ἡρὼ τέθνηκε σὺν ὀλλυμένῳ παρακοίτῃ·

ἀλλήλων δ' ἀπόναντο καὶ ἐν πυμάτῳ περ ὀλέθρῳ.

326 ἀνόνητον Gräfe (cf. Nonn. *Dion*. 39, 209) : ἀδόνητον plerique
ἀνόητον V ἀδύνατον NP ‖ ἀκοιμήτων *fv* (cf. 12, 225) : ἀκινήτων BNV ‖
327 αὐτόματος (cf. 255) codd. : αὐτομάτη coni. Tiedke ‖ 329
ἄπιστον plerique : ἄπυστον H ἄσβεστον V ‖ ἀπέσβεσε plerique : ἐπέσβεσε
NP ‖ 330 πολυτλήτοιο plerique : πολυπλήτοιο BF -πλάγκτοιο T
-κλαύτοιο E; quem post uersum lac. exstare uerisimile est ‖
331-332 NPVU : om. cett., reiec. Färber. ‖ 331 transp. Terzaghi
post 328, locus grauiter corruptus ‖ 332 -σσεν ἀκοίτου nos : -σσε
Λεάνδρου codd. ‖ 333 εἰσέτι plerique : εἰ δέ τι NP ἢ δ' ἔτι f ‖
δηθύνοντος plerique : δ' ἰθύνοντος EH δηθμέοντος P ἐπ' ἀγρύπνοισιν
V : ἐπ' ἀγρίπνοισιν N ἐπαγρύπνοισιν P ἐπαγρυπνίῃσιν BEHF ἐπαγρύπ-
νοισι δ' coni. Ludwich ‖ 334 πολυκλαύστοισι plerique (cf. 236) :
πολυκλαύτοισι E πολυκλύστοισι coni. Dilthey ‖ 335 ἤλυθε δ'
BEFH : -θεν VNP Köchly ‖ 336 πάντοθι plerique : πάντοθε P
(cf. Theocr. 17, 97; *Anth. pal.* 11, 85, 2) -θεν N ἐπ' plerique :
ἐς NP ‖ 338 δὲ om. NP ‖ 339 δρυπτόμενον V : θρυπτόμενον
cett. ‖ 342 κὰδδ' (uel κὰδδ') ἡρὼ plerique (cf. *Il.* 24, 725;
Nonn. *Dion*. 40, 113) : κὰδ' ἡρὼ BF καὶ δὲ ἐρὼ T καὶ διερῷ coni.
Scheindler. ‖ τέθνηκε σὺν plerique : -κεν ἐπ' E.

NOTES COMPLÉMENTAIRES

Page 1.

4. Abydos, ville de Mysie, près de l'actuelle Nagara. A l'époque homérique (*Il.*, 2, 837) elle appartenait au prince troyen Asios.

Page 2.

2. Aphrodite, déesse d'origine orientale qui, selon Hérodote, I, 105, avait un temple à Ascalon en Palestine; de là son culte était passé à Chypre, puis, grâce aux marins phéniciens, à Cythère, île au sud du Péloponnèse. Selon Hésiode. *Théog.*, 192 sqq., elle avait, après sa naissance, abordé à Cythère, puis à Chypre; d'où ses deux surnoms de Cypris et de Cythérée.

3. Les Adonies étaient une fête de caractère mi-funèbre, mi-joyeux, très répandue en Asie Mineure, en Égypte et à Rome; elle se célébrait en souvenir du bel Adonis, aimé d'Aphrodite et de Perséphone, et tué au cours d'une chasse par un sanglier; cf. W. Attalah, *Adonis dans la littérature et dans l'art grecs (Études et Commentaires,* LXII) Paris, Klincksieck, 1966.

Page 3.

4. Sur les Grâces cf. *infra.*, p. 4, n. 2; sur le chiffre de cent Grâces, v. *Introd.*, p. xx, n. 2.

Page 4.

3. D'après Pausanias II, 10, 5, c'est seulement à Sicyone que les prêtresses d'Aphrodite étaient astreintes à être et à rester vierges; cf. L. Séchan et P. Lévêque, *Les grandes divinités de la Grèce*, Paris, 1966, p. 374 et p. 385, n. 108.

Page 6.

2. Le texte transmis par tous les manuscrits, au début du v. 124, fait difficulté : δεῦρο = *huc,* faute de verbe impliquant mouvement, ne se justifie pas; quand cet abverbe est seul, on

peut, d'ordinaire, sous-entendre aisément un impératif, comme ἴθι ou analogue (cf. v. 271). La correction qui s'écarte le moins du texte manuscrit est celle de Köchly; celle de Patzig se fonde sur un passage de l'*Odyssée* où Pénélope demande à Eumée de lui amener le mendiant sous l'habit de qui se cache Ulysse : « Ἔρχεο, δεῦρο κάλεσσον, etc. Les deux conjectures, selon E. Malcovati, *Athenaeum*, XL, 1962, fasc. 3-4, p. 369, ont un accent vulgaire et ne conviennent pas, s'adressant à une prêtresse. La formule ἄλλην εὑρὲ κέλευθον, qu'on pourrait traduire assez exactement par : *trouve un autre biais*, suppose un hysteron-proteron et, de ce fait, n'est pas non plus très satisfaisante (= trouve un autre biais [au lieu de saisir ma tunique], ce qui est à la fois une protestation et une invite). Le texte originel reste encore à découvrir.

3. Cf. p. 4, n. 3.

Page 7.

3. Hermès (cf. *H. hom. à Hermès I*) porte une baguette, ou *caducée*, qui est le symbole de sa fonction de héraut divin; pour l'épithète, cf. *ib.*, 529 et *H. hom. à Aphrod. I*, 117 et 121.

4. Jardanos, roi de Lydie, père d'Omphale, dont Héraclès sur l'ordre de Zeus, fut l'esclave, pendant trois ans, pour s'être attaqué à l'oracle de Delphes (cf. Apollodore, II, 3, 6). Pour elle, il captura les Cercopes, devint le serviteur forcé du vigneron Sylée et combattit Lityersès, frère de Midas.

5. Atalante, fille de Jasos, roi d'Arcadie. Elle défiait ses prétendants à la course; parmi ceux-ci, les plus connus sont Hippoménès (cf. Theocr., *Id.*, III, 40; Hyg. *fab.* 185) et Mélanion.

6. Mélanion, chasseur mythique célèbre (cf. Xénophon, *Cynég.* I, 2 et 7); épris de la princesse arcadienne, il avait reçu d'Aphrodite trois pommes d'or, qu'il laissa tomber l'une après l'autre devant le char de la jeune fille. En s'arrêtant chaque fois pour les ramasser, celle-ci perdit la course et Mélanion, vainqueur, reçut le prix convenu.

Page 11.

Voici le texte du *Pap. Ryland* 486, d'après C. H. Roberts (*Catalogue of the Greek Papyri in the John Rylands Library*, III, 1938, nᵒ 486, p. 98, pl. VI) :

]δη [.]θλον ελ[.].ο[
]ευσητε γενοισθε δε τυφ[
]αχινος καταδυνεομενον[
]Λαανδρον ιδιν μονον ηνδα[
]ντιαα [.]ς παλιν Ε[.]περε λαθρ[

5

]νδρε χαι αστ[....]ιππευ[
]ει νυξ ουρανος ηελιο[
]... ους οπλεισ[.] εαι εν περ[
]ε Λαανδρε [.]ετηχ϶ γαρ α[
10   ]εθων τ[.]λεσκοπος ειπε[

Il résulte de l'examen du fragment : 1°) que l'auteur y apostrophe Léandre, l. 6 et l. 9, comme Musée au v. 301 ; 2°) que Léandre y invoque Hespéros (l. 5), cité au v. 111 ; 3°) qu'il formule un souhait, à la l. 2 (γένοισθε), à l'adresse, sans doute, des astres ; 4°) que l'un de ceux-ci, peut-être le soleil, se couche ou va se coucher ; cf. l. 3 χαταδυνεόμενον, partic. prés. moyen de forme hétéroclite, à rapprocher de χαταδύομαι, se coucher, en parlant du soleil, des planètes ou des constellations ; 5°) enfin, que Léandre aperçoit ou doit apercevoir quelque chose au loin ; cf. l. 10 τηλέσκοπος. C'est tout ce qu'on peut tirer de sûr de ce papyrus très mutilé, que Denys L. Page et Bruno Snell ont complété de façon, du reste, contradictoire (cf. la critique des restitutions proposées dans G. Schott, *o.l.*, p. 58).

Page 13.

3. Le v. 281 a paru être une répétition inutile du v. 274. Plusieurs éditeurs le rejettent.

4. Cf. *Introd.* p. ix.

TABLE DES MATIÈRES

Ce volume,
de la Collection des Universités de France,
publié aux Éditions Les Belles Lettres,
a été achevé d'imprimer
en janvier 2003
sur presse rotative numérique
de Jouve
11, bd de Sébastopol, 75001 Paris

N° d'édition : 4723
Dépôt légal : janvier 2003

Imprimé en France